# 天啓

文 Samantha

編 Omni

天馬～Samantha練習電腦繪圖的作品～

### 第五部　居家修行～思維篇《專注於創造》

有時候，我母親花了幾小時的時間，才畫出一隻毛茸茸的小兔子，她也覺得好快樂，因為時間已經不重要了！

我母親八十三歲那年愛上了色鉛筆著色。從此幾乎天天專注於繪畫。她說，有時候，只是想著要給一朵花畫上什麼顏色，就覺得好快樂。

**第七部　宇宙星球《遨遊宇宙星際》**

她指著身後的一個約汽車大小，類似飛碟的小型圓形飛行器，說：
「要不要出去玩？」我好奇的問「去哪裡？」。「宇宙！」她說。

**第七部　宇宙星球《遨遊宇宙星際》**

我依依不捨的，向外星朋友揮手道別！走在屋前的院子，無意中瞥見，有許多豆大的雨珠子，正緩慢的滑落。那些雨珠子滑落的速度，讓我可以很仔細的看，它們就像晶瑩剔透的珍珠。我仰望著天空，欣賞那漫天透明的珍珠緩緩滑落之美。

**第五部　居家修行～療癒篇《紫火的奇蹟》**

Arthur説：「你是那紫羅蘭色的火焰，就是上帝給你的答案，你快點用紫火燒掉那些業障！」

**第五部　居家修行～療癒篇《奇妙的修復者》**

忽然看見有一個透明的人影,穿透我二樓窗戶的玻璃,直接走進我的臥室,然後在牆壁上寫一些化學方程式,一面寫一面用心電感應跟我解釋,這沒什麼,只是老舊細胞鈣化的陳積物,說完就走了。

廣大的宇宙中，除了數不盡的星球之外，還包含了各種不同能量的眾生。～Samantha油畫作品～

**第二部　與上天溝通《宇宙能量場》**

整個宇宙空間充滿了流動和交織的能量漩渦，梵谷的名畫《星夜》與這能量場非常近似，我猜想，梵谷在作畫時也感受到這亙古存在的能量場。

# 目錄

第一部
**邁向修行路**

## 第二部
## 與上天溝通

## 第三部
## 永生的靈魂

# 編輯者序

本書是由*Samantha*的作品《無上力量》、《愛海》、及「靈性成長」部落格的文章彙編而成。書名《天啟》已道出了本書所要傳達的訊息主要是來自上天的啟示。

其實，就連書名也是來自靈界的訊息，並非作者個人的構思。起初，作者覺得這書名太嚴肅了，與她的個性不符，所以並不想採納。但是，靜下來仔細想想，她這一生確實是隨時在接受天啟，所有書中的故事、個案、實例，都是由上天精心安排，由靈界弟兄們用心排練，而後才呈現於她的日常生活中。令人感動的是，早期親友的生命故事，發生的時間距今已將近百年，靈界的指導靈們為了這本書不知投入了多少愛心和能量。

我們投生地球教室，在人間學習和歷練，肉眼看得見的，是親友、老師、以及其他有緣人，他們參與了我們的學習和成長。肉眼看不見的，在靈界還有許多指導靈、守護靈們時時在關懷、照顧和指引我們的靈性成長。他們隨時注意我們的思言行，並且安排定期或不定期的考驗，來決定我們提升的進程，以及新課程、新教室的規劃。

*Samantha*天生擅長把握重點，所以這次指導靈借重她，為大家編寫這本「**修行考古題**」。由於閱讀這本書的有緣人，分布各種靈魂年齡層，而且這本書的眾多指導靈也來自不同境界，各有不同的重點和指引。各位看官，請隨順自己的喜好，選擇適合自己的主題閱讀。覺得自己已通過或不需要的主題，就跳過或放下吧！

　　指導靈說，修行的經典很多，但是「**應用在生活中**」的文章並不多，*Samantha*可以在生活中實踐教理，並且寫出感想。所以上天借重她，讓她從小經歷各種考驗，當她通過課程時，再經由她來表達如何過關，而每一次過關都是因為「**愛**」。所有人際關係的背後幾乎都有因果關係，然而，**愛可以超越一切因果**。

　　地球被宇宙高層封鎖許多年，現在開始讓地球更自由，並且全面提升人類的意識層次。指導靈希望能透過這本書，鼓勵人們**擴展眼界和意識層次**，但是達到這之前，要先學會「**愛**」。

　　在編輯過程中，我們更深入體會到，小我與大我的視野不同，小我會有個性和偏好，而大我著重的是「如何利益最多的人」。比如，小我頭腦希望用字遣詞能文雅或富有學識，但是，來自大我的訊息是，文字要平易近人，甚至為了某些有緣人，必須運用粗糙的語氣。在這些過程中，我們同時學習放下小我的執著，**隨順大我和天意的啟示**。

就在我們以為全書已編好要定稿的那天，忽然間，訊息從四面八方，透過不同的管道傳來。靈界簡直就是在「**點名**」，而遺漏的文章竟然都在「靈性成長」部落格可以找到。Samantha驚訝的說，那麼多年前寫的文章，她自己早就忘了，本來要提筆重寫，而靈界立即提醒她，文章就在她的部落格中，不必費事了！

本書的編輯順序主要是依據作者的成長歷程：

第一部　邁向修行路，主要是源自《無上力量》書中的文章，敘述作者從小聽聞和經歷的親友故事，從中體會到人間的苦難和無常，因而產生出離心，邁向修行的道路。

第二部　與上天溝通，主要是《愛海》書中的文章，收錄許多與靈界指導靈的對話，以及作者閉關的同一體體驗。

第三部　永生的靈魂，希望讀者了解靈魂是永生不死的，能放下對生死的恐懼，了解靈界的愛護，並且更加信任上天。

第四部　因果的律法，提醒讀者，諸惡莫做，勿以惡小而為之，勿以善小而不為。這部主要是修行的基本功。

第五部　居家修行，與讀者分享在生活中修行的經驗。這一部主要是為了不想出家，或不想參加宗教團體，而在家修行的讀者而寫的。

第六部　解析夢訊息，希望讀者透過書中的實例解析，了解夢訊息的重要，並且開始記錄自己的夢訊息。這方法有助於了解自己的意識和潛意識，以及目前靈性成長需要改進的方向。

第七部　宇宙星球，希望讀者透過這些文章能將眼界從地球擴展至宇宙，並且將意識提升到宇宙的層次，進而回歸上主。作者認為，當我們還在地球的每一天，都要過得精彩豐富，不是等到回去靈界時，才享受天人的樂趣，我們可以在地球上享有天人般的美妙生活，也就是，實現「地球有如天堂」的願景。

當我們綜覽完成的手稿時，才發現，這些故事不僅是我們親朋好友的故事，也是更廣大人群的縮影。雖然故事中有人類殘酷血腥的過去，但也有溫馨感人的提醒，以及充滿希望的當下及未來，一切都交織在美麗的**生命織錦圖**中。*Samantha*擅長繪畫，但她從沒想到，這張織錦圖竟然是透過她六十幾年的歲月來展現。

本書的完成要感謝：
護持本書的指導靈們
*Arthur*以及各位靈性導師們的教導
*Samantha*的人生經驗和智慧的分享
所有參與演出書中故事的親朋好友們
*Omni*、素雲、雅玲、夏惠以及所有參與編輯、修正、
和校對的每一位工作人員～無論是在時空內或時空外的！

這本書是我們在靈性成長過程中的愛心和智慧結晶，
是一體性共同的創作。

深深的祝福每一位有緣的讀者：
在了悟真我的朝聖旅程中，
能有時空內外的良師益友的愛心指引和陪伴，
能夠早日成為宇宙公民，
自由自在的遨遊宇宙星際，
快樂的回歸上主永恆的懷抱中！

天啟編輯團隊
在愛與至福中
2019年9月7日

# 作者介紹～我心目中的*Samantha*

　　《神仙家庭》是60年代非常賣座的喜劇電視影集，女主角*Samantha*（莎曼珊）是位具有超能力的魔法仙女，為了愛，她化身為平凡人，與她所心愛的男士組成了家庭。天真善良的*Samantha*，只要動動鼻子，並運用法力，就可以幫助家人及朋友解決問題，一連串的驚奇與趣事，就此展開……。

　　這部影集在我幼年時上映，我記得女主角總是動動鼻子的俏模樣，但我已忘了她的名字。我覺得二姐的個性很像她，今天特別上網搜尋看看，赫然發現她的名字也是：*Samantha*，而且長相和笑容還有點兒像二姐！

　　二姐最喜歡頭腦放空，不多思考，*Samantha*這名字是*Arthur*給她的修行法名，他說，這個名字有助於思維上的成長。所以，二姐欣然的接受了。

　　在我出生時，二姐已經九歲，當時父母親共有五個女兒，我是*Samantha*最小的妹妹。從我有記憶起，二姐已進入青少年的叛逆期。印象中，她總是隨著心動的感覺，做自己想做的事，因此與父母嚴格且傳統的管教時有衝突。當我還是一個乖乖順從父母的小孩時，二姐已是有主見的

少女了。

　　我們在人間的父親出生於日據時代，因家境變故，僅接受日本的小學教育，第二次世界大戰結束時，父親以十四歲的年齡，進入郵電局窗口工作。為改善家人的生活，自學苦讀多年，才通過重重檢定考試，而取得高考資格，在公家機關努力認真的上班，慢慢等待升遷的機會。因此，他最大的希望就是，他的孩子們可以有機會好好的接受正規教育。在他個人的價值觀裡，有好的學歷，才有好的未來。

　　然而，*Samantha*天生愛好自由，她喜歡看書，但是教科書對她而言，太狹隘。家裡沒有錢買課外書，她就去圖書館看書。當時我很小，並不知道她看了許多書，只記得父母總是在教訓她，怎麼都不讀書，成績單發下來時，總有嚴厲的責罵聲。幼小的我，還傻楞楞的以為姐姐不喜歡看書呢！

　　*Samantha*天生喜愛繪畫，隨筆一揮，就是好畫一幅，只可惜由於當時家境清寒，父親反對她去念美術學校。有一段時間，青潭社區裡的小朋友流行玩紙娃娃，我們沒有零用錢買紙娃娃，二姐就畫給我們。她畫的娃娃，有著水汪汪的大眼睛，溫柔可愛的面容，窈窕勻稱的身材，活潑動人的姿態。她還畫了許多時尚的衣服和裝飾品，讓娃娃可以更換穿戴。由於她畫的比坊間賣的紙娃娃更清新漂

亮，所以我的玩伴們都來拜託她，請她多畫一些娃娃。大家都很羨慕我有一個擅長繪畫的姐姐，我也感到好榮幸啊！

有一次，*Samantha*將粗製的火柴盒改裝為細緻優雅的化妝台，每一個抽屜，都有透明的彩色珠珠串成的把手，可以真正拉合開關，也可以存放小飾品。我看了真是好喜歡，也好佩服姐姐巧手天工，化腐朽為神奇的能力。

由於父親工作的薪資，一部分要寄給祖父母，另一部分要養活我們家八口人，因此家中的食物是要節約分配的，比如吃水果時，一顆橘子三人分，一條香蕉兩人分。一家人能維持基本的生活，已經是母親努力勤儉持家的成果了。但是孩童時期的我們，除了正餐外，也會想吃點心或零食。偶爾，二姐也會趁著母親去買菜不在家時，進入廚房運用她的創造力，做出簡單美味的小點心，主要材料可能只是麵粉、太白粉…但是，加上她的巧思和愛心調味之後，我們都吃得津津有味，至今都還難以忘懷那時的滿足感。

1972年夏天，二姐暑期打工領薪資的那一天，她帶著我去卡林塑膠公司，領了薪水後立即帶著我去喝綠豆湯，我們一起開心的享受她努力工作後的甜美果實。接著，她帶我去看早場電影，是凌波主演的《十四女英豪》。電影的情節我大致記得，是講述宋朝楊門女將衛國安民的英勇

事蹟。現在回想起來，那也還是天啟訊息之一。踏上修行路之後，才明白每個人在自己的朝聖旅程中，都要走出一條自己的英雄路。

小學四年級時，二姐帶我去看電影《齊瓦哥醫生》，第二天，我的導師問大家，有人去看《齊瓦哥醫生》嗎？全班只有我舉手，老師問我：「你看得懂嗎？」我說：「不太懂。」老師說：「我也不能了解！」高中時，我再看一遍，男主角逃難時，在擁擠混亂的火車廂中，從底牆開窗，仰望冬日太陽的那一幕，令我深受感動。在我高中的學習困境中，那個畫面為我帶來了光明和力量。大學時，我再看一遍，對於女主角的情欲掙扎，有更深入的了解。但是，難以接受那困惑與混亂。最近再看一遍，我發現，我可以理解、接受、包容和欣賞劇中的每一個角色，他們在人生的每一個階段，勇於活出自己的生命力。我才發現，二姐為我播下的那顆種子，在漫長的四十五年後，終於開花結果了！

Samantha喜歡在睡前聽古典音樂，小時候家中有一片鋼琴名曲集的唱片，晚上睡前她就會播這片音樂。其中有一首是韋伯的〈邀舞〉，原本我覺得它好沉悶，不喜歡聽，希望能跳過這首歌。但是，二姐像說童話故事般的為我「導聆」。她說這首歌在形容一場盛大的舞會～舞會剛開始，大家彼此不太認識，場面比較安靜，因此，音樂是溫和的慢板。觀察一段時間後，一位紳士彬彬有禮的邀請

他所心儀的女士。但是，這位淑女總要表示一下矜持，因此婉言謝絕。然而這位紳士持續的與她談話，慢慢取得她的好感，交談越來越熱絡，音樂隨之迴旋和加速。經過幾番的邀請之後，這位淑女終於同意與他共舞。於是他們在優雅的圓舞曲聲中翩翩起舞。隨著舞步的加快，音樂越來越熱情奔放，在華麗歡欣熱騰的樂聲中達到最高潮。當舞蹈圓滿的結束之後，音樂又回到慢板，紳士彬彬有禮的致謝，淑女也回禮告別。舞會為雙方留下了美好的回憶。～聽完二姐的導聆，從此我愛上了這首樂曲。

　　60年代的台灣，以美國為主流的西方流行文化與思想，隨著美國對台的經濟援助輸入台灣，*Samantha*很喜歡西洋流行歌曲，常常聽到她唱著自己喜愛的英文歌。尤其約會前，她會一邊哼著歌，一邊梳妝打扮，好像一隻翩翩飛舞的蝴蝶，穿梭於化妝鏡前。當她準備好要出門時，我抬頭仰望我美麗的姐姐，她身穿自己縫製的細肩帶洋裝，明黃色碎花布上面飾以白色細緻的蕾絲，頭上繫著金黃色的緞帶，全身散發著清新亮麗的氣息，她對著我眨眨眼，像一縷輕風般飛去赴約了！

　　有時候*Samantha*會帶著我去約會，我是她的小跟班、小電燈泡，她會觀察男朋友如何對待小孩，回到家也會問我，對她的男朋友作何感想。只是沒想到，現在她與上主談戀愛了，要寫一本情書，我仍是一個電燈泡咧！

*Samantha*在原生家庭中所扮演的角色是「**先鋒者**」。由於父母親生長於農村，有許多傳統保守的觀念，再加上有兩位親人，相繼於游泳時意外喪生，英年早逝，父母親對我們的保護更加小心翼翼。因此許多需要外宿或有危險的運動或活動，一律不准我們參加。我記得，*Samantha*想去參加救國團的中橫健行隊時，是經過一番激烈的爭取，父母才首肯的。輪到我大學想要去參加時，父母親這一關就輕鬆的通過了。*Samantha*和一位美麗的表姊，兩人在70年代初期，就經常隨著美國的流行穿迷你裙，當時母親常常訓誡二姐，甚至惡言怒罵，彷彿她是離經叛道的孩子。但是，二姐依然**勇敢的展現自己**的青春之美，絕不妥協！誰也沒有料到，後來，這兩位時尚的妙齡少女，都是家族中最早開始靈修的先鋒者，表姊移民南非，在那裡開了一個道場，服務當地的有緣人。*Samantha*移民北美加拿大，隨緣加入*Arthur*的靈性聚會，目前透過網路服務在地球上的有緣人。雖然，兩人各奔南北，但是都走在**靈修和服務**的道路上。

　　*Samantha*五專畢業後，帥氣的告訴父親，我幫您把商科讀完了，現在我要去畫畫了。於是她找到一個油畫的工作室，開始她的繪畫學習和工作，當時畫的大多是外銷的油畫。一段時間後，她就購置了人生中的第一間房子。後來，親朋好友們欣賞她的畫，幾乎家家都掛了一幅她的油畫，有位舅舅還請她去畫壁畫呢！我在大學時也特別請姐姐為我男朋友的家，畫一幅風景畫，畫的兩旁有青翠茂

盛的大樹（象徵家人健康強壯），遠方有閃耀著銀白光輝的森林（象徵光明豐盛的未來），清澈的溪水從遠方流入（象徵擁有源源不斷的能量流），溪畔有著金黃色的石頭（象徵穩定的財富）。那幅美麗的畫至今仍然掛在我先生原生家庭的客廳，我的婆婆一直都很喜歡它。在我看來，這些油畫為每一個親友的家開了一扇美麗的窗，從家中隨時可以看見大自然的美。

　　Samantha在結婚後，經歷了許多人生考驗，在本書中已經毫不保留的與讀者們分享，讀者可以從書中了解她的心路歷程。那段期間，我正處於升學與考試的奮鬥階段，我們相會的時間極少，所以，我也是透過這本書的編輯，才有更深入的了解。

　　1999年台灣大地震，2000年父親病危和往生，當時對我們而言，都是相當大的考驗，而我們靈性成長的道路，也再次交織在一起。2002年Samantha閉關期間的前後，我與她密切聯繫，也盡量同步閉關。禁語期間Samantha透過傳真機（當時網路尚未普及）將指導靈的訊息傳給我，讓我知道自己在當時應該如何修正身口意。我們兩人都專注於內在的提升，知道哪裡需要修改就改，通過之後指導靈會有新的提醒，我們就立即再修正。感覺上好像武俠小說中的衝關，一關一關的通過。這些閉關過程的詳細訊息，都收錄在本書的第二部。

2004年Samantha特別為我翻譯《Opening to Channel～打開頻道》的1～7章，看了之後，我深深被指導靈們的光與愛所感動。這本書可以讓我們對於通靈和指導靈有正確的了解，建議有興趣的讀者可以閱讀，台灣中文版於2011年正式出版，譯者將書名譯為：《開放通靈》。

2006年去多倫多學習時，我們的靈性導師Arthur為我們解說天火（The Spirit of Fire）。下課後，我與Samantha一起搭地鐵回家的路上，我心裡正想著，不知何年何月何日才能達到三火合一的狀態，覺得自己好像離這目標還很遙遠，雖然嚮往，但有一點沮喪。而Samantha一路上興奮得幾乎是要旋轉飛舞的樣子。她說，今天老師傳授的內容好棒！她對我們姐妹的成長充滿了信心。我驚訝的望著她開心的笑容。心想，她是多麼勇敢和無畏啊！在修行的道路上，她的信心和勇氣，是我最羨慕和最需要學習的。這些年來，每當我自信不足落入修行低潮時，她總是那個努力把我往上拉拔的人，雖然，我的小我偶爾會與她抗爭，但她總是不放棄，永遠愛護我，提攜我。

Samantha 的個性與我在許多方面是互補的，因此，上天總是把我們安排在一起學習和成長。多年來的配合與磨練之後，我發現，每當我們聯手一起「出任務」時，總是有美好的成果，有時甚至可以感受到上天的歡呼和鼓舞！印象非常深刻的是，有一天在多倫多，從早上八點多一直到晚上八點多，我們一起陪伴上天安排來的幾位有緣人，

他們離去後，我們正興高采烈的討論當天的成長心得時，忽然門鈴響了！二姐夫的舅媽送來一大箱水果，打開後放上大圓桌，是滿滿的一桌香檳葡萄！上天透過親人，為我們送來了香檳，慶祝當天的圓滿豐收，多麼貼心的上天啊！

這一次編輯出版《天啟》的任務，是在《神遊時空》即將出版時就接到的派令。過程中，我們都在接受信心的考驗，無論是對自己、對家人、對親友、對師長、對指導靈、對上天的信心，一一都在接受考驗。在此，我要感謝上天和親愛的Samantha對我完全的信任和包容，當她傳給我原稿之後，同時也授予我完全的自由去篩選和編輯。雖然我知道，真正的編輯者不在我，我只是人間的一個管道。但是，過程中，我盡量讓自己保持平靜，接受上天的啟發，希望能夠真正隨順天意！

自從Samantha學習通靈之後，我深深的愛上了來自上天的訊息和啟發，我可以分辨那些來自更高的智慧訊息，因為它們自有清晰的能量和寬廣的見解，過去現在和未來都在指導靈考量的範圍內，而且他們往往都是一針見血的指出問題的癥結，完全是根據當事人的狀況而量身訂做的解答。這些年來我們盡可能的記錄這些美好的靈界訊息，也在為當事人保密的前提下，與許多有緣的人分享上天的智慧和指引。

這本書是*Samantha*透過她的人生與大家分享的故事和訊息，希望能為有緣的讀者們開啟一扇美麗的宇宙之窗！

*Omni*
在愛與至福中
*2019年9月7日*

第一部

邁向修行路

# 前言

　　原本我從未有寫書的念頭，但最近忽然覺得眾生求道艱難，我也是過來人，而我因為生長在大家族，聽聞許多有關因果的實例，又碰到許多神仙、聖者、及在世佛的幫助，讓我逐漸看破放下，專心修行，希望這些真實的故事能帶給人們一些啟示。

　　我幼年生長在台灣中部的一個小鎮～通霄，祖父母的家在一個依山傍水的純樸小村，我們是一個大家族聚居在附近，所以諸如三叔公、四嬸婆之類的長輩有許多，至於堂兄弟姊妹至少也有四十幾人。幼年時期，我們成天混跡山林及海邊，快樂的遊玩。拾貝殼，烤地瓜，採野果，日子過得無憂無慮的。夜晚是另一個有趣的世界，母親總會讓我們洗一個香噴噴的澡，吃頓豐富的晚餐，然後我們搬些小椅子到村子中央的廣場去，聽大人們談天說笑，除了當日的趣聞之外，我最愛聽的莫過於那些充滿神祕色彩，又聳人聽聞的靈異故事，它們被這些樸實的長輩們描述起來特別生動，何況又是真人真事，所以我一直想要把我的聽聞寫成文章與大家分享，但是為了尊敬及保障當事人隱私，我已經改變了人名及地點，現在請各位以寧靜的心來閱讀這些故事。

# 前世因果

　　芙蓉是個三十二歲的婦人，剛生下第五個孩子，忽然生了一場大病臥床不起，她的大女兒名叫婉兒，是個非常孝順的女孩。十一歲的她為了想醫治母親的病，聽了長輩們的建議，跑到一間著名的神廟去問神。當神明附身在乩童身上時，是以觀世音菩薩的身分告訴婉兒：「妳的母親過去世曾經殺害三名舞女，她在前一世是名男子，住在台北，他被三名舞女騙了許多錢之後，起了極端的憎恨心，就先後把她們帶到河邊殺害，然後在她們身上綁著大石頭，將屍體沉入水中。在當時從未被破案，所以在他命終之前，並未受到法律制裁，他死後……」觀世音菩薩的話尚未說完，忽然乩童神色轉變，而且換成了另一女子的聲音，帶著憤怒的腔調，原來是其中一名被害的舞女忍不住插嘴了。

　　舞女靈魂：「他以為他死了，偷偷溜到鄉下，投胎成女的，我們就找不到他？三十年來我們無時無刻不在找他，現在總算找到了，我們要他立刻償命，才能消了我們的心頭之恨！」婉兒問：「你們是不是捉錯人了，我媽媽可是善良的女子，不是男人！」舞女：「絕對錯不了，我們在閻羅王那兒查過了，也拿了地府令牌。現在是他的死期到了，命債是逃不掉的，更何況我們是三條命，他才一

條，已經很便宜他了。就算這一世他投胎成女人，裝得再善良，也不能掩蓋掉前世殘殺我們三人的罪行。」

婉兒不禁悲傷的哭了起來，她哀求道：「如果我媽媽做錯了是該賠命，可是我那剛出世的妹妹才十幾天大，她沒奶水喝，只怕是要活活餓死的，她是無辜的！這時三個舞女的靈魂討論了一會兒，就派其中一人說：「其實當我們被殺之時，也有著家人父母，及年幼的子女需要照顧，我們死時內心的掙扎與痛苦又有誰同情呢？但是我們實在也不忍心看著妳妹妹餓死，畢竟你妹妹是無辜的，我們決定讓妳媽媽再活一年，可以餵奶，一年到了，我們再來捉拿人！」

就這樣芙蓉的病奇蹟似的康復了，孩子也平安的養到一歲，就在孩子滿一週歲時，芙蓉又病了。婉兒從未對母親提起問神明之事，但芙蓉在病中總是說，有三名打扮非常美麗的女子，衣著時髦，老愛在她床前跳舞，搞得她頭昏腦脹的。所以婉兒硬著頭皮再一次去了趟觀音廟，這一次菩薩給了許多張符咒，並交代她把符咒貼在門口及窗口，並且再三告誡，當病人好了之後，切勿走出家門一步。然而芙蓉耐不住成日關在家裡，病一好就急急忙忙出門去工作，豈知當天就又病倒了。這次十分嚴重，躺在床上連大小便都不能自理了，婉兒很焦急的趕去請教神明。

這一次菩薩只是安慰她說：「回去問問妳媽媽吃了別人的東西嗎？如果吃了就沒辦法了。婉兒奔回家中，喘著氣問母親：「媽媽，那三個女人有沒有讓妳吃下什麼？」芙蓉最後一次說的話是：「有啊！就在剛才，三個漂亮女人，好心的給我一個亮晶晶的丸了，說是仙丹，能治好我的病，我才吞下去的！」就從那時起，芙蓉再也不能言語，只是不停的呻吟好像極端痛苦，直到十多日之後，嚥下最後一口氣。

# 靈魂的存在

　　但芙蓉也並非無聲無息的離開人世而消失於宇宙間，其實她仍是丟不下五個孩子的媽。話說婉兒的父親另娶之後，平時倒也相安無事，但芙蓉的靈魂在必要時會忽然插上一「手」的！有一次在郊外時，婉兒的繼母乘四下無人之際，推打婉兒，婉兒本能的閃開，沒想到繼母自己重心不穩，居然摔了一大跤，嚇到她背著的小嬰兒，那是她自己剛出生的兒子。繼母摔跤之後，嬰孩三天不喝奶，嚇得她急忙跑去問神明。這回觀世音菩薩並未出面，倒是芙蓉的靈魂附在乩童身上說：「妳竟敢在荒野無人之處毆打我的女兒，我只是推了妳一把而已，順便讓妳兒子不敢喝妳的奶，如果再有此事，休怪我手下無情！」繼母心虛得直說：「好姐姐！對不起！我再也不敢了。」從此以後，繼母只敢罵人或瞪人，再也不敢動手打婉兒。

　　婉兒的同父異母弟弟，有一個名叫文彬的特別愛看書。我小時候暑假回家鄉，特別喜歡去坐在他的房門口聽他吹笛子，那美妙的旋律，如行雲流水般的悅耳，又像訴說著一段段感人的故事，文彬像是用心靈在吹著生命的樂章。他的舉止一直都是那般文靜優雅，臉上總是清新的笑容。他十九歲時從師範學校畢業，開始教書。我始終記得他最後一次到我家時，帶著未婚妻，來拜訪家母時，說是

兩人即將訂婚。當時他年輕帥氣的臉頰在陽光下閃爍著光輝，幸福洋溢著，我們心中都為他們感到無限的祝福。

誰知天有不測風雲，才隔幾天，竟傳來文彬在海濱浴場附近衝浪而溺死的不幸消息。婉兒在失去弟弟之後非常悲傷，她愛她的弟弟，卻再也沒有機會可以疼愛他了。因為婉兒的遺憾，使我有了很大的警惕。從此我盡可能的多疼愛弟弟妹妹，我有了零用錢也會分些給弟妹們，我知道，總有一天，每個人都要面對自己的生老病死，各自離世，唯有珍惜每一刻的相處時間，互相友愛，將來分離時才不會遺憾。

我們非常懷念這個剛要展翅飛翔的年輕生命，文彬的母親更是無法接受這個最聽話、最善解人意的兒子，在一夕之間消失的事實，所以她去一處神廟，據說可以招亡靈來對話。那天大夥兒一起去，文彬的靈魂沒讓大家失望，很快的出來與大家對話，他說：「我的頭撞到海底岩石，而痛昏過去，就這樣失去生命。起先我很傷心，後來閻羅王第五殿正好缺一名文書，我就在那兒工作到現在，工作很輕鬆，請大家不必擔心我。」接著文彬交代那位痛不欲生的未婚妻說；「我是不可能回去了，妳還是另外找對象結婚吧！別為我難過，我們今生已經無緣了！」

這事大家也就姑且相信了，因為誰也沒辦法印證文彬是否真的在閻羅王那兒工作，只能自我安慰，相信他在陰

間過得不錯！」

　　一年之後，文彬的父親車禍過世，文彬的母親再一次受到重擊。因為掛念丈夫，她聽說宜蘭有一家招魂更靈驗，所以邀了原班人馬，大老遠跑去宜蘭牽丈夫的魂魄。文彬的父親一出來就叫著每個人的名字，說他去靈界時，本來是很辛苦的。幸好有個好兒子，在閻羅王第五殿當文書，幫他美言了許多，說他在人間是個好人、好父親，所以他很快就離開陰暗的地方，現在過得比較自由了。

　　不同的神靈給了同樣的訊息，這印證文彬真的在閻羅王那兒工作。我開始相信人死後，靈魂真實存在的事實。

# 未了的親情

　　素玉是我母親的遠房親戚，婚後不停的生孩子。生第十胎時難產，孩子被產婆硬擠了出來，因而存活。孩子的父親張大叔，嫌他一出生就剋死親娘，竟把他丟進畚箕裡。誰知，過了一夜，他仍活得好好的，被姊姊偷偷抱了回去。小奶娃在九個兄姐的照顧下也就安然無事。但是每天傍晚大家總被「驚嚇」一回，原來死去的母親心疼孩子們沒人照顧，每天太陽一下山，她的靈魂就從隔一座山的墳地裡回來。

　　聽說像一陣陰風過來，素玉家的狗就會吹狗螺，然後一路搖著尾巴追過去，溫順的陪著她回家。素玉一進門第一件事，是幫奶娃蓋被子，順便逗逗他。過一會她會收拾家務，探望每個房間。但是讀者可別想像這是溫馨的場面，九個孩子怕得都躲在被子裡，被子又嫌太小，大家拉來扯去的，深怕自己一條腿，或一隻胳臂露在外頭，真是嚇得魂不附體。

　　素玉可不在乎這些，她執著每天固定時間回家探望一番，直到一個月後張大叔帶回了新娘子。這新娘子，新婚之夜就領教了兩人中間夾了一個冰冷軀體的怪事。嚇得她第二天就去廟裡拿了一大堆符咒貼滿了門窗，當晚只聽見

素玉在門外哭了一夜，她哭、狗也跟著哭、真令人心酸。這樣過了幾天，張大叔決定搬家，沒幾天全家都搬到彰化去了。

　　每當我想到這可憐的女人，一輩子辛苦的生了十胎，卻留不住丈夫的心，只去世短短一個月就忘了她，再與別人結婚。暫不提夫妻的情感，設身處地的想想，一位慈母想照顧自己的孩子，卻因為陰陽兩隔，而被狠心擋在門外，她內心多麼淒苦啊！從此，我對成人世界存在著如此冷漠無情的事實感到困惑，對人性及兩性之間的情愛感到懷疑。

# 祝福與咒罵

　　我的母親心地慈善，生長在農家，少女時期就常要挑扁擔，那是非常粗重的工作。平時她經常與幾位嬸嬸一起工作，但這些嬸嬸常常輪流在懷孕，有時還兩、三人同時懷孕，可是農家人懷孕仍是得做這些粗活。母親看到她們大腹便便的挑擔子，於心不忍，所以她總會走得特別快，像小跑步一樣，先把自己的擔子挑下山，再跑回去替嬸嬸們挑，她常常跑了三趟，寧可累自己，也不忍累壞孕婦。所以，我母親要出嫁時，她的叔叔嬸嬸們特地打了許多金鍊子送給她，又獲得許多誠心的「祝福」！這些祝福隨著她的人生持續的開花結果。

　　另一面借鏡讓我明白，千萬別做那些會被別人在背後「咒罵」的事。小時候有個鄰居，非常調皮，他最喜歡走在田裡，而且一腳踩壞一顆高麗菜，或踩死一株株的稻苗，大概他覺得很有趣，但是後面常有氣急敗壞的老農夫，邊追邊咒罵：「夭壽的死孩子！」老農夫辛苦的翻土，播種了許久，每日扛水灌溉，眼看就要收穫，賣點錢貼補家用，偏偏碰到這種頑童，真是欲哭無淚，只能扯著喉嚨罵出心中的怨恨。然而那股怨氣，真能凝成一股負面的力量！

他十八歲那年。有一天，他來我家玩，突然和我們談了許多事，包括他的學徒工作以及碰到的許多挫折，雖然都是不如意的事，但他還是有說有笑。我聽了相當心疼，覺得他年紀輕輕，無法繼續念書，必須遠離家人家鄉，獨自辛苦工作賺錢養活自己。但是我也覺得奇怪，平時文靜寡言的他，怎麼變得如此健談？這是前所未有的事。我們完全沒料到，他是來向我們作最後的訣別！

過幾天他去游泳，就失蹤了。我父親受託去找尋他的屍體，請了船家打撈，卻始終找不到，於是父親焚香對他說：「如果你死後有靈，請引導我們找到你的屍體。」

沒多久，看到水面有一處冒出許多大水泡，父親立即請船家到那兒打撈，不一會兒就看到他，雙手好似抓著打撈的繩索一般，被拉出水面。三十幾個小時之後（民國五十幾年時的交通尚未發達），他的父母兄姊從家鄉通霄趕到現場，撕心裂肺的呼喊他的名字時，他忽然七孔大量流血，似乎哀傷至極！

當時我曾告訴母親，如果我可以替他死就好了，他的家人就不必那麼悲傷了，但是，母親悲傷的說：「如果換成是你死，我也是一樣會非常悲傷的！」

這是我幼年時期經歷的最大傷痛～體驗到**無常**和**生離死別的悲哀**。從此我對於**人的生死與存在的價值**經常感到迷惑。為什麼？我們必須被生下來，然後等著那既不可知又是可知的未來，也就是那死路一條，人人平等的路！

# 如露亦如電

一切有為法
如夢幻泡影
如露亦如電
應作如是觀～金剛經～

就讀五專一年級的暑假，我去當保母，這是我打工賺到最多錢的一次，有電子公司薪水的兩倍。應徵當天是個颱風天，走進豪宅，真是羨慕呀！就連人家的傭人房，都是有衛浴設備呢！我乾脆住下來了，然後才打電話通知爸媽。媽媽在電話中說：「妳爸在公家機關是個主管，同事們稱妳們姊妹是千金，妳不當小姐，卻要跑去當傭人。」

我說：「放心！我報了一個英文名字叫做碧莉（當天的颱風名字），碰到熟人我一概不認識。不會給妳丟臉的，沒人知道我是誰。」講完立刻掛電話。嘿嘿！將在外，君命有所不受！

這真是個舒服的工作，只需陪一個六歲的男孩，他綽號小叮噹，是中外混血兒，長得好可愛好乖。他住外祖母家，他的外祖母也就是僱用我的人，是大約60歲的老太

太，她還僱用一名司機，及一個煮飯的婦人。

幾天後，老太太的三兒子從軍隊休假回家，命令我煎蛋給他吃，我說煮飯不是我的任務。（其實，當時十四歲的我，根本不會煎蛋，那只是我的藉口。）他就生氣了，大呼小叫的。老太太來了，看我在收拾衣物準備回家，就一直挽留，還加薪給我。事後，司機說老太太其實很兇，許多僱來的小妹都被罵跑了，他覺得老太太對我的好，超乎一般常情。

老太太的長子是一位溫文和善的人，常幫忙餵小叮噹吃飯。次子也很文靜，從不麻煩我。她的長外孫子面貌清秀，就讀私立高中名校，成績都是第一名，牆上掛滿獎狀。長外孫女也是同一所高中，品學兼優，氣質高雅，清秀亮麗，身材高挑，皮膚白皙，是我最欣賞的典型。她的小外孫女雅芳還是個小學生，鋼琴彈得相當好，常常應我的要求，彈我最喜歡的一首鋼琴名曲給我聽。聲音嬌滴滴的雅芳，幾乎是整天守在我身邊，要求我講童話故事給她聽。當時，看他們兄妹三人，住在這美麗豪宅裡，每天有說有笑的，看著大銀幕電視，真是令人羨慕啊！

有一天，我和雅芳在她家附近的別墅區散步，看到一間更大的豪宅，雅芳很羨慕那家人擁有寬敞的游泳池，我才發現，人們不論多麼富有，也不會感到滿足的，因為小我頭腦永遠在比較啊！

有一天，長子開著雪佛蘭大車帶我們大家去看電影，上館子。這是我有生以來頭一次上飯館吃飯，我邊吃邊偷偷的笑，開心極了！有錢賺，有飯吃，還有免費電影看，覺得自己像是在度假。

　　暑假過去了，小叮噹要回美國去念書了，我向老太太提辭職。但是老太太一直要我留下，開了一個很好的條件，就是放學去她家住，只要陪她就行了，因為兒子們都沒空陪她談天，薪水還有原來的二分之一。

　　然而，爸爸說什麼也不答應，他說他養得起我，而且他一直不放心我住在別人家。經不起爸爸的親情挽留，我很遺憾的放棄了輕易可得的*Money*。離開前，雅芳堅持送我一條她的黃寶石的項鍊，叫我一定再回來看她。

　　一個半月之後，我看到報紙的頭條新聞：＊＊府命案，五名死者是：長子，三個孫子女及煮飯的婦人。對我而言，彷彿晴天霹靂，我簡直無法接受這樣殘酷的事實。他們的死法都很慘，可憐的雅芳，不知為什麼被兇手砍了33刀，想了就好心痛，每次看到黃寶石項鍊就想起她。後來兇手找到了，是長子的軍中好友（我也看過他）夥同自己的弟弟來搶劫屋裡密室的現金十萬和洋酒。

　　爸爸說：「幸好我叫妳回家住，不然妳也會死在那兒。」是啊！我差點也要去陪葬了！

富貴榮華原來像朝露那麼容易消失！第一名品學兼優的獎狀都還高掛室中，三個兄妹俊美的身體卻已成灰燼。從此，我不再羨慕有錢的人！不再羨慕豪宅大院！不再羨慕俊美的外表！對於子女的才藝及學歷也看淡了！⋯

　　我開始思考「如何超脫人生的無常」。

# 定身法

在台灣，每逢神明生日，常有神明出巡。我在初中時，有一天，和同學走在路上，忽然聽見遠處有一陣陣鼓笛聲傳來，我就順口說：「八成是出殯的隊伍！」話一出口，我的腳忽然抬不起來，好像牢牢的黏在地上。當時倒也不怕，只是告訴同學，我的腳不能挪動一步，怎麼使勁也沒用。同學只好陪我一起站在那兒，這時迎神的隊伍慢慢的走近我的視線。「啊！」我說：「原來是迎神的隊伍！」這話剛出口，我的腳立即可以移動，這時我才意識到剛才得罪了神明，被罰站了！心中直抱歉。這是我頭一次發現，神明無所不知的力量！

我有一個鄰居，平日不信鬼神，有一日在路上碰到迎神隊伍，當時路旁擠滿了夾道歡迎神明的人，他就跟著看熱鬧。突然間神轎停在他前面，那轎內的人以神明的口吻對他說：「你一輩子不信神，不拜祖先，成日喝酒，遊蕩成性，不務正業，若再不改，恐怕來不及了。」這鄰居回去後，依然故我，完全不知悔改。不到一年，有一天，他在人行道上走著，突然一輛車朝著人行道失速衝了過來，他閃避不及，就活活被撞死了！

# 佛學的啟蒙

因為從小喜歡美術，所以二十歲時，找了一份油畫的工作。我的老師是油畫家，黃信安居士，他是虔誠的佛教徒，很年輕就持素，他的修行是以淨土和禪宗為主，他對佛經有非常深入的研究與了悟。因為有幸在他身邊工作，我聽聞了許多佛理，奠定了我的佛學基礎。

每天午飯時間，我最喜歡聽黃老師為我開示，在那個時期，我聽聞了佛法中的三十七道品。例如：

四念處：觀身不淨、觀受是苦、觀心無常、觀法無我。

五根：信根、進根、念根、定根、慧根。

五力：信力、進力、念力、定力、慧力。

七覺支：念覺支、擇法覺支、精進覺支、<br>喜覺之、除覺支、定覺支、捨覺支。

八正道：正見、正思維、正語、正業、<br>正命、正精進、正念、正定。

他教我要離相（一切相皆是虛妄）、要有平等心、去除分別心。善護身業，不失律儀；善護口業，不譏他過；善護意業，清靜無染，隨時記得苦空、無常、無我。持續堅持六度之行：布施、持戒、忍辱、精進、禪定、智慧。

我逐漸對佛法有了認識，並開始學習念經及靜坐。有了疑問，我就請教黃老師，例如：如何修無我？黃老師說：「睡覺蓋上被子時，就當自己死了，睡在棺材裡，死了的人是不能在乎世間的一切事物了！把自己當成活死人吧！」於是我練習這方法半個月。

　　有一天，我先生對我說了一些不合理的話，若是往日的我，一定要辯論到底，討個公道。可是我想我正在體驗自己已死，死人哪裡能有本事吵架呢？所以，我若無其事，先生對我的反應愕然莫名。我覺得這方法真是有效，讓我的貪、嗔、痴、及驕慢少了一大半。過了一陣子，老師教我：白骨觀，這回死得更徹底了！回想起來，我的修行路真是好有趣。

　　就在那個時期，我的夢變得很美麗，有一次我夢見濟公活佛，像一座山一樣高，全身金光閃閃，夢中的我大喊：「師父！師父！」並想去追他。因為他的腳步太大、走得太快，我一急竟然飛了起來，飛到一處如夢似幻的美麗山水中。

　　另一次我夢見在夜晚走到一間教堂旁，我忽而跳上了十字架，然後輕輕的一直浮上了高空中，看到漫天星斗，及很大黃金色的月亮，那寧靜的夜色，閃爍的星光令人難忘！有一次夢見五隻鳳凰飛過我的窗前，那是一種很高雅的姿態，抬頭挺胸，頭頂上長著兩隻柔軟而綠得發亮的羽

毛，尾巴的羽毛長長柔柔的飄動著，閃爍著綠色的光芒，那高貴優雅的身姿，令人過目難忘。後來我注意到廟宇彩繪的龍鳳圖案，和我的夢中鳳凰一模一樣，只是缺少了那柔美生動的生命力！

從我聽聞佛法之後，我的夢，忽然由黑白的變成七彩亮麗的境界，有一次，甚至和聖誕老人共乘雪撬從彩虹上滑下來，簡直可用此景不似在人間來形容！

## ✳ 念佛號

　　小時候我很膽小又常看到鬼，因此恐懼得睡不著。父親告訴我：「妳只要念阿彌陀佛，身體就會發光，鬼害怕亮光，會被妳身上的光芒嚇跑了！」

　　修行後，我去承天禪寺許多次，但是廣欽老和尚從未對我個人開示什麼。僅有的一次，我帶著幼齡女兒去請他開智慧，之後我站在他老人家身旁，虔誠的望著他，希望他會對我開導修行的方法，忽然他叫住我：「喂！妳過來！」我興奮的洗耳恭聽接下來的開示，他老人家指著我的女兒說：「注意照顧她！她正在吃一張紙屑！」我紅著臉趕緊把紙從女兒嘴裡拿出來，心裡想，他老人家是否認為我連女兒都照顧不周，還談什麼修行？

　　有一次我鼓足勇氣，問他老人家：「師父我該如何修行？」他淡淡一笑說：「念阿彌陀佛啦！」從此我訓練自己走路也念佛號，洗碗也念，煮菜、做事，都儘量念佛號，日子久了，頭腦似乎乾淨不少，不會亂糟糟的。睡夢中偶然會預先看見一些未來發生的事，事後也能印證那夢的真實性。但是我覺得那是不夠的，我渴望在清醒中知道整個事的來龍去脈，知道宇宙的真理，找到自己的佛智慧，那才是真正的成就。

我認識許多的師兄師姐，其中有一些已證得很高等級，他們得到神通自在，並且默默的關心並指導我們，如何在修行中突破心靈障礙。他們的愛心、耐心、定力、超乎一般的修行者，他們的一舉一動，是如此安詳、寧靜與自在。從他們那裡，我學到許多修行的方法，每一段日子後可以察覺自己又進步了！那是一種很安心的感覺！好像你闊別家鄉已久，而今你已經坐上了對號快車，車子正帶著你走向溫馨家園的途中，你數著每一站，知道家鄉越來越近了。

# ❋ 天上的兄長

記得有一次去問神，是我及大姐陪大表姐一起去的，在基隆路一家道教的廟，法師居然當著眾人面說：「這三個女孩都是天人轉世！」我們只能一笑置之，誰也沒有相信會有這種事。

隔了幾年，兩位朋友帶我去新店山裡，一座挺大的神廟，這次更怪了！本來一群人排隊問神明問題，都是問什麼答什麼，輪到我時，神明突然唱起歌來，但是每句話都在對我開示：「妳原是天人，你下凡來目的是為了渡人，自己卻迷失了兩百年，都已經忘了回家的路，所以妳的心靈苦很久了！」我問他：「您是誰？」他說：「妳下來兩百年，連自己兄長的聲音也不記得了？」他的歌聲雄壯迷人，絕不輸男高音，聽來有點耳熟，但又不知道在哪兒聽過！

他接著又唱：「我是妳天上的兄長，我一直在注意妳，妳吃了許多苦，這一世總算想回家了！我知道你一直想修行，目前在學靜坐，只要妳明白陰陽合一的道理時就可以回家了！」我好奇的問：「我這世回得了家嗎？」「可以！因為妳開始修行了。但是別貪玩，天上的母親非常想念妳！只要專心修，這一世肯定可以回家了！」我忽

然覺得好安心好快樂！好像迷路的人找到了方向。

　　一會兒，神靈退出了法師的身體，我想再問些問題，法師已不復記憶，這時我問旁邊負責翻譯神語的婦人：「神明說了什麼？」她居然說：「神明說，把這些香灰吃了，妳的病就會好！」真是讓人驚訝，她一點也沒聽懂神明的話！我向陪我來的兩位朋友說：「真奇怪，她一點也不明白神明說了什麼？」沒想到他們都很困惑的問我：「究竟神明說了什麼？妳好像大有來頭？為什麼聽得懂神語？神又為什麼對妳講了四十分鐘之久？」

　　這時候，輪到我很迷惑，我一直以為我與神的對話，是使用中文，但是一旁所有的人卻又完全聽不懂？那些對話真是天界的語言嗎？而且我以為我和神明只說了五分鐘，為什麼他們說是四十分鐘？這麼長的時間差距是怎麼發生的？這成了不解之謎，但之後回想起來，這個神明的聲音，之前曾經救我一命。

　　事情發生在我剛結婚不久的時候，因為二十歲就結婚，婚姻生活使我很苦惱，兩人都太年輕，認知不同，適應不良，不懂得包容對方，脾氣又大，所以時常吵架。有一天剛吵了一架，我覺得十分委屈，就以自殺威脅，他也不理我，逕自睡覺去了。以我當時的驕傲和任性，說了就不會食言，於是我就悲傷的坐在書桌前，寫一封給父母的訣別書，心裡其實也不想為這無聊的小事去死，只是話已

出口，不能收回，何況沒良心的他正呼呼大睡呢！該怎麼死法？跳樓，太可怕！也會嚇著別人。跳海，這個好！不用埋葬，省了家人許多事！

　　正打好主意，忽然聽見我那「天上兄長」的聲音，嘹亮的唱著：「夫妻本是同林鳥，大限到時各分飛，沒什麼想不開的，快去睡吧！」我伸頭望著窗外，夜空中繁星閃爍著，不知聲音從何而來，但是我忽然覺得很快樂！天外有兄長關心著我哪！我很快的撕了訣別信，躲進被子裡安心的睡覺了！

# ✳ 我的仙丹妙醬

　　有一年夏天，得了一種可能是腸炎的毛病，每天下痢數次，所以身體立刻瘦弱下來，但是我記得黃老師曾告訴我：「每天儘管念佛，別太注意身體，病也是想出來的，一切唯心造，只要專心修行，該死的病，醫不好，不該死的病，想死也死不掉！」所以我每天在心中念著佛號，若無其事的拖了二十來天，瘦得走路都有點飄飄然，重心不穩了！

　　一天中午，我躺在床上休息，似乎半睡半醒中，看到一位像武俠片中身著勁裝的男子，手裡拿著枴杖走近我的床頭，對我說：「我是李鐵拐，妳的病得吃那個才會好！」說著他指著我的窗戶，我順著他的手勢望去，窗戶的玻璃上有許多草莓醬緩緩的流下來。

　　醒來時，一直覺得自己的夢很有想像力呢！李鐵拐不就是八仙過海那個故事中的仙人嗎？何況，古代的人怎麼會知道這種西方食物呢？再說，我的腸胃極差，多吃點甜食就會胃酸過多，所以我一點也不信這個夢。

　　隔天我和黃師母談天，談到這個夢，沒想到她叫我吃吃看，她說反正那也很好吃，又不是什麼藥，說不定吃了

真的會好呢！我因為草莓醬有防腐劑及色素，所以一直沒去買。

　　隔了幾天，嚴重到一天下痢十來次了，當我走到超級市場都快走不動了！這時迎面而來一個甜美的女子，笑容滿面的說：「純天然保證不含防腐劑及色素，來自加拿大的草莓醬。」我想起了我的夢，順手買了一瓶，心裡想，再不吃恐怕就得等死了！

　　就這樣，連我自己都難以相信，吃了兩小湯匙之後，肚子一陣清涼，立刻止瀉，吃不到四分之一瓶，腸胃的毛病就不藥而癒了。甚至從此之後，只要腸胃的問題又發生時，草莓醬隨時對我都有效。但別人試我的方法不見得有效，或許這是體質不同的緣故吧！

# ✤ 神仙的地址

又隔了幾年，有一次，我與家人到獅頭山去玩，在一個王母娘娘廟裡，我們碰到一位修道人，羅師兄，他有通靈的能力，可惜我當時不太信任他。因為我父親獨自先進廟裡，聽到羅師兄對另一位修道人說：「妳看那位進門的女人背後有佛菩薩保護著！她是站蓮花的人。」父親轉頭看那個女人，竟是我的母親！父親很好奇的問羅師兄：「站蓮花的人，是什麼意思？」羅師兄回答：「是佛家的修行者！」他又自稱自己是道家弟子。父親問：「我屬哪一家？」羅師兄笑著說：「你啊！是儒家的讀書人啦！你的修行等級，如果與你妻子比，她是老闆，你是她的門房！幫她看大門那種！」

父親立刻告訴母親，母親就急忙想拜羅師兄為師，他說：「不行啦！妳有妳自己的師父，妳師父和我師父不是同一個人，妳的等級很高的！妳就快要見到妳師父了！」這時我也好奇了，就問他如何修行？他說：「這兒妳修得最差了，修行人哪有那麼驕傲的？修行人要像成熟的稻子一樣，頭垂得低低的！」我有點不服氣，我想：每次都是我解釋經典給母親聽的，佛經我可看了不少，何況還天天念佛。我都修十年了，母親才剛剛開始，怎麼就遠遠超越我了呢？我問：「我到底是誰來投胎的？」他說：「如果

你知道自己是誰，你這輩子就更不想修行了，也不用去證得自己是誰？我是不會告訴你的，免得壞了你的修行路！無論是什麼都要靠自己去證得！」

　　我告訴他關於李鐵拐這個夢，問他究竟是真是假？他似乎很高興，好像我提到他的一個好朋友似的！他一本正經的說：「喔！李鐵拐嗎？他住板橋呢！你要不要抄寫他的地址？」說著拿出紙和筆，我張大眼睛驚訝的望著他，他又繼續說：「但是不太好找！因為他常常四處雲遊！」我心想：天哪！我會作夢，你也挺會編故事耶！

　　他似乎察覺我的懷疑，就正色道：「事情是這樣的，前些日子，李鐵拐路過這兒曾來看我，像八仙這些神仙，是真實存在的，他們常駐人間，到處渡人，非常忙碌。外表看來和普通人長得一個樣子，你自己也看到過他嘛！如果你努力精進修行，這些過往神仙都會幫忙指點你的！」慈悲的羅師兄又特別指示我，一項未來即將發生在我身上的事，該如何處理比較圓滿，他先把答案告訴了我！

　　回家之後不到幾天，果真發生了他意料中的事，但是我當時處理得很困惑，一直不知如何是好，所以在前往加拿大之前又趕去找他，沒想到一趟路興沖沖的到了山上，羅師兄卻在禁語中，只對我點頭致意，我竟失去了請教他問題的機會。

# 法師的警告

　　以前有位同修道友，名叫心潔，不論走到哪裡，手裡總是一串念珠，遇到生人熟客都一律虔誠禮拜，並且口念一句阿彌陀佛，她舉止永遠都是溫文賢淑，讓我們這些初學佛法的人，感到自嘆不如，覺得她的修持必定最好！

　　有一天，同修們一起去拜望靜心法師。回來之後，有位同修私下告訴我，不知道為什麼，靜心法師他老人家，竟然重重的打了心潔的肩膀兩下，害得心潔回來之後得貼膏藥。此外還罵心潔說：「妳這條蛇精，還不改妳的毒性，又想來危害世間，竟敢到我寺廟來，還敢帶妳那三條小蛇來，我就是不讓他們進來。妳再不改，報應就不遠了！」這時大家才注意到心潔的三個孩子一直在屋外探頭探腦，卻一步也不敢踏進來，而別的同修的孩子都在屋裡，真是奇怪呢！

　　同修們仍然和心潔很要好，總覺得靜心法師他老人家誤會了她。大約一年之後，心潔想在四樓頂加蓋一間佛堂，向許多同修借了數百萬元，卻不肯還錢，還理直氣壯的說：「錢用來蓋佛堂，功德無量。」其中有一個老太太，就只有八十萬老本，借給她之後，生活就出了問題，卻也索求無門，真後悔當時沒有相信法師的話。

# 慎選修行路

　　我有個鄰居名叫愛莉，不知怎麼會迷上一家神廟，剛開始也看不出來，這廟的主持人心術不正，有一次說是帶他們去台南做法，愛莉被安置在一個荒山野外的墳場，每天夜半三更，都得去墳墓旁做法，想利用孤魂野鬼的靈魂，幫忙賺錢，氣氛陰森森、恐怖兮兮的，愛莉害怕得想回家。主持人竟叫人把她打得遍體鱗傷，甚至理光她的頭髮，強迫她出家，還逼她在陰神之前發毒誓。

　　有一次愛莉乘人不備，偷跑回家。這些大膽神棍居然跑到她家門外埋伏，嚇得她連續幾個月躲在家中不敢踏出家門一步。幸好出外採購食物有她先生全力幫忙，終於渡過難關。但是愛莉受了這場無妄之災，身心受傷，變得畏縮、憂鬱，精神大不如前，再也不敢相信別人。為了修行走錯路，真是可憐！既危險又浪費了許多時間，選擇師父時，要十分小心。

　　另一件事是我在黃老師家學禪時，有一位新來的師姐憂心忡忡的問黃老師：「以前我在一家神壇當弟子之時，拜師那天就發了毒誓，如果將來背叛了教主，就要被毒蛇猛獸咬死。現在我離開了他們，可是我已經中了他們下的蠱，每天夜裡都被一大堆的蛇糾纏著，還有獅子、老虎撲

咬我，我簡直就要瘋了，我該怎麼辦呢？」黃老師教她求佛、菩薩保護，並以精神力量，克服內心的恐懼。黃老師強調：修行人要思維清楚，自己有判斷能力，千萬別走入邪門外道，真正的有道修行人，行為端正，身口意清靜，絕不會要求弟子，作一些不合法、或不合情理的事。

## 六道輪迴

　　許多人以為餓鬼道是死後靈魂才可能去的地方。我的夢訊息卻讓我明白，活人也可能處於那種境界。

　　有一次，我夢見母親的朋友王阿姨變成餓鬼的形狀，有大大的肚子，細細長長的脖子。她跳到母親的跟前，伸長兩手去掐住母親的脖子，母親為了脫困就叫道：「我沒辦法幫你，去找我二女兒想辦法吧！」只見餓鬼形象的王阿姨立刻轉往我的方向來，我想，台灣離加拿大這麼遠，總要一會兒才會到吧！沒想到，不到一秒鐘，她飛到我面前，手伸好長準備掐我的脖子。我趕緊抓住她的手，因為不忍見到她的餓鬼形象，所以閉上雙眼拼命念佛號，念了好久，張開眼看她仍是餓鬼形象，忽然想起應將念佛功德迴向給她，才迴向完，她已回復人身了！我也嚇醒了。

　　第二天，打電話問母親：「王阿姨好嗎？怎麼我夢到她變成餓鬼呢？她不是修行非常精進的嗎？」母親聽了，很驚訝的說：「我聽說她破產了，很可能沒有飯吃，我去看看她！」探望之後，才知道王阿姨已好幾天沒飯吃了，餓得渾身無力，原來王阿姨的兒子賭輸了家產，把家裡所有的錢全賠光，連一點吃飯的錢也沒有了！母親趕緊送她一筆錢讓她渡過這難關。

這事讓我非常警惕，修行人經歷大考驗時，如果沒有定力，靈魂也會墮入黑暗界，所以修持禪定是十分重要的！

　　我觀察到：
- 當人們的思想清靜喜悅時，靈魂在**天道**等級。
- 當人們仁慈和善、寬以待人時，靈魂在**人道**等級。
- 當人們憤怒、嫉妒、驕慢、爭鬥時，處於**阿修羅道**。
- 當人們處於飢餓痛苦時，靈魂處於**餓鬼道**。
- 當人們無明，不守五戒，犯貪、瞋、痴時，
  靈魂處於**畜生道**或**地獄道**。
- 當人們起搶奪、偷竊、傷害等凶惡之心時，
  或悲傷、悔恨、痛苦時，靈魂處於**地獄道**。

　　一天之中，人的靈魂可能跑遍六道，如果不修禪定，很容易因為外界環境的好壞、碰到順境或逆境，情緒的變化，而使靈魂等級起伏不定。因此，古人說，要修到八風吹不動，就是任何境界來臨時，都有能力保持清靜之心，不為境界所轉，這才叫做真正的禪定！

　　一輩子算一算，頂多也才兩、三萬天，每過一天就少了一天，來去匆匆，有什麼值得你爭我奪？值得和人結惡緣？每個人都很苦了，應該盡力幫助別人，互相照顧，讓大家這趟人間之旅過得愉快些！減少自己的貪瞋癡，掃除無明，看清楚這個像夢幻泡影的世間，真正做到像「心

經」裡的一句話：「遠離顛倒夢想」把所有的妄念雜念，全都放下，達到身口意都乾淨，才能達到「定」的境界！

……✵…… ✵……✵……

有一天睡到半夜時，我覺得身旁忽然多了一個人，原來是女兒，她說：「好可怕！好可怕！剛剛夢見三個好可怕的鬼，第三個鬼還撲到我身上來，幸好夢中媽媽即時出現，把他們都變成人了。」我睡得迷迷糊糊的，只保持聽覺狀態。

她繼續說：「第三個鬼最可怕，他說他考財稅人員執照，考了許多年卻一直考不取，他非常痛苦鬱悶，他的靈體扭曲變形，陰暗可怕，一直要撲到我身上，幸好媽媽來了，送了許多愛的能量給他們，他們的靈體變得越來越明亮，後來居然變成正常人形了。」

次日早晨我問女兒：「妳昨晚夢見的鬼，是已經過世的還是活著的人？」她說：「他們是還活著的人，只是想不開，煩惱太多時，靈體扭曲變形，看起來就像是鬼。」

我乘勢勸她：「任何時候都要保持快樂！」
她：「怎可能都快樂呢？世間事不如意十有八九。」

我：「快樂與痛苦都是自己的選擇，妳想快樂的面對每一刻，隨時保持正面的覺知，還是成日愁眉苦臉，都是妳自己的決定。」

她：「好難啊！我做不到。」

我：「做不到就會吸引那些鬼囉！
　　因為振動力接近，物以類聚。」

她：「妳說得簡單，我就是做不到，
　　我就是會擔心、煩惱、生氣、……」

我：「學會感恩吧！
　　感恩所有的人事物，妳就很容易快樂的！
　　當妳快樂時，靈體就會像美麗的天使一樣，
　　散發出光輝。」

# 疾風知勁草

　　我曾在淨空法師那兒，聽了幾次開示，在農禪寺學會靜坐，後來又在承天禪寺拜廣欽老和尚為師。這幾位法師，都是很有修持的出家大師，在我的修行路上，對我都有很大的助益。我也努力的閱讀佛教經典，每天過得無憂無慮，自在快樂，自以為這就是人間淨土了。然而，遇到病苦的考驗時，才赫然發現，自己的修行定力不夠。

　　有一次，發燒半個多月，去檢查之後，醫生說：「很可能是癌症。」信心立即崩潰，想到當時才一歲的女兒就要失去母親，心都碎了，近乎三天以淚洗面。這時，我才發現自己修行的定力是如此脆弱，碰到生死關頭，也不過如此。幸而事後證明並非什麼絕症，但也證明了自己還是貪生怕死的凡夫。病中我仍努力念佛，病後，一直很迷惑，究竟如何才能真正了脫生死，不再受無常之苦？

　　在病中，時常很無奈的，求觀世音菩薩讓我明白，為何生此大病？因為我此生大部分時間都在修行，一輩子也不曾做過什麼傷天害理的事，如果不讓我明白這場病的因果，我實在不甘心。

一天夜裡，我夢見自己一身民國初年的打扮，大約十七、八歲結了一條長長的辮子，辮子尾端繫了一條紅絲帶。我坐在黃河邊，手裡拿著兩個細鐵環套著的布料，正在刺繡，那是我的謀生方法。此外我和當時的父親擁有一條渡船，全家靠擺渡維生，但是碰上乾旱連年，大家都窮了，沒人買刺繡，連坐渡船的人都少了。有一天我家已經無米下炊，那日正好有一對父子，坐上我們的渡船。船到了河中央時，我正巧看到船艙裡他們父子打開了布包，裡面露出了一個小金塊。我多嘴的把這事告訴正在掌舵的父親，豈知窮急了的他，竟把船上防身之用的刀子取出，我們各拿一把刀去恐嚇人家，交出了黃金。

　　夢到這裡，我耳邊突然有聲音說：「搶劫的業障是很重的！」接著，我看到了地藏王菩薩的顯像，醒來後，我流淚滿面，懺悔不已！

　　世上的苦難太多，前世今生，痛苦無盡。想到眾生為了生存，而造的惡業無數，劇苦無有止期。為了自己，也為了眾生，再苦也值得成就佛道。就從那時起，我下定決心，今生要以修行為最重要的任務！

# 往生的接引

　　許多人非常害怕死神，我也曾與死神照過面。四十二歲那年的一個午後，我正埋首畫畫，眼角餘光中，瞥見兩位盛裝的印度美女，我認出她們是來接引我回靈界的使者，頓時心頭一驚！「為什麼找我？」我強作鎮定的問。

　　她們倆人溫柔靦腆的微笑著：「你忙著畫那些俗世的畫，不過就是賺那一點點小錢罷了！你可知道我們那邊（靈界）大家都好忙，希望妳趕快回來幫忙。」她們指著牆角方向有一道通往靈界的門說：「請妳看一下吧！我們真的很需要妳回來幫忙。」

　　我環顧自己住的小房子，真是寒磣得很，其實沒有什麼可以留戀的。我知道，我看了之後，一定會想回去，可是我覺得還有一些俗世責任未了，所以強忍著好奇的心，拒絕去看那道通往天家的門。

　　我說：「我這邊還有事沒做完，我才四十二歲，有做錯什麼？為什麼是這麼短命的果報？」她們說：「妳以前拿掉腹中那塊肉時，沒有覺得很殘忍嗎？」

我摸著下腹，心裡很困惑，我問：「究竟是哪塊肉啊？」一時之間也想不起來。接著，我嚴肅的說：「別再來吵我！我還有許多事要做，我要活到八十歲！」她們苦笑著離開了。

　　忽然間我想起，那塊肉是我在年輕時曾經拿掉的胎兒，想到這裡，我嚇得冒出冷汗，全身顫抖著，我剛剛差點就要離開人世了，死神居然放過我，然而靈界怎麼會有這麼美麗這麼溫柔的死神？

　　我有一位長輩在五十九歲那年，一夜夢醒，對續絃說：「我剛才夢見前妻要來帶我走，大概時間到了，我得回去了。」隔了幾天，他騎車出門被一個年輕人撞上，就與世長辭了。

　　有一個朋友的祖父，中年喪妻，晚年生病時，常說他看見年輕時候的妻子一直在床邊陪伴他。有一天妻子對他說：「該回去靈界了。」他說：「為什麼要回去啊？」妻子說：「因為人只是靈魂與身體的組合體，**大限到時，就回去靈界的家，我是你永生的妻子。**」朋友的祖父聽完，安心的跟著妻子往生了。

# 親人的超生

　　我小時候會看到靈魂，大約十幾歲時，閉上眼睛，總是有一位年輕漂亮的少女，嘴角流著血，哀傷的望著我。當時我以為鬧鬼了，好害怕啊！

　　直到我開始接觸我的第一位佛門老師，他告訴我：「我們看到的受苦靈魂，通常是與我們有緣的靈魂～比如，過去世的親人朋友想來請我們幫他們，我們可以為他們念地藏經超渡他們。」

　　後來，我查到，這位嘴角流著血的少女靈魂，是我過去世的女兒，因為騎馬摔死，所以嘴部受傷流血，她一直來向我求助，因為我不知情，所以很害怕。直到我念佛三年後，才開始有能力得到一些靈界訊息，了解她的身世，可以幫助她脫離苦難。

　　我今生的女兒小時候一直希望有個兄弟姊妹可陪伴她玩，我也希望再生一個孩子。1990年的一個冬天，我好不容易懷孕了，很高興的等待第二個孩子的誕生。沒想到，一場大風雪，奪走我的美夢。只是為了去剷大門前那厚重的雪，不知是凍著或累壞了，竟然流產了！那天夜裡，我在淚溼枕巾中，悲傷的進入夢鄉。

我夢見，觀世音菩薩來到我床前，她看起來莊嚴高雅。她說：「我來幫妳醫病了！」我說：「我沒病！」

　　她慈祥的望著我說：「可是妳身體裡住了一個男靈魂，妳只要張開嘴，我就可以帶他走！」

　　我真的張大了嘴，就在這時我覺得胸腹之間一陣絞痛，接著開始嘔吐，吐出一大堆鮮血，這時我的背脊由下而上的昇起一股暖流，我從小就常常冰冷的四肢也開始暖和起來。我心想，床邊這塊新地毯完蛋了！接著我開始擔心，這個被叫出來的靈魂又回來。

　　這時菩薩似乎看穿我的心事，她說：「我已經送他去人間轉世了，妳剛剛流產的這個前世女兒，會在明年投胎在你好友的家庭，妳很快就會在人間見到她。」

　　「妳之前一直不容易再懷孕，是因為那個男魂的關係，他是妳過世的情人，雖然他只是想保護妳，但是，陰陽不相容，導致妳身體太弱，所以我只好來帶他走，明年妳會得到妳想要的孩子。」說完，菩薩飄然而去。

　　醒來時，我急忙查看地毯，卻了無痕跡。明年我真能如夢中所示得子嗎？當時我以為這只是一個夢罷了！次年，我們搬回台灣，這時好友鈴茵快生產了！因為她要剖腹生產，我答應去醫院陪她。

一天夜裡我夢見我走進一座陵墓中，裡面有幾層台階，潮濕的空氣中瀰漫著濃濁的霉味，泥土味，右邊放置著一座棺槨，我知道躺在裡面的少女，是我四百多年前的女兒。她原來的身分是公主，卻不幸在十八歲時，因為騎馬摔死，他的父親捨不得掌上明珠驟然逝去，所以特地將她的遺體浸泡在防腐劑中保存。從此她的靈魂守著屍體，執著那具早已失去生命力的身體，一直留在陰暗的陵墓中，始終不願出來。我來到她的棺槨前，試圖說服她出來投胎，她一直不肯，她說：「父王說我很美麗，我喜歡父王幫我建造的這個家。」

　　我告訴她：「這裡太暗了！外面的世界可以看到陽光，藍天白雲及許多美景，還可以交到許多朋友，學習許多有趣的事物。」她仍在猶豫，我說：「妳就相信媽媽一次！跟著我走吧！……」費盡了唇舌，終於，她願意出來了，我趕緊轉頭往陽間走，不敢回頭望她一眼。因為經過了四百多年，不知如今她的面貌會是如何！所以我只是雙手合掌，拼命的念著佛號，戰戰兢兢的帶領著她走回陽間。

　　半夜兩點，電話鈴聲吵醒了我，中斷了這段冗長的夢。我得知鈴茵忽然血壓升高，緊急送醫院剖腹生產，在母女都非常危險的狀態中，總算平安的搶救成功。由於觀世音菩薩之前已經預告，我知道那個新生兒正是我剛剛說動的前世女兒。當我趕到醫院時，護士正好抱著她走過我

身邊，我認真的查看她的小臉，她也盯著我看。雖然和一般嬰兒差不多，長得也端正，只是很奇怪，她的瞳孔外圍（虹膜區）是淺灰色的，我聯想到防腐劑，或許是泡在其中太多年了吧！

當時鈴茵剛手術完尚未醒來，我是第一個看到嬰兒的人。後來聽說嬰兒日夜啼哭了三個月，吵得全家人睡不好，所以鈴茵就帶她去問一個能查到過去未來的修行人，那個人說這孩子生下來第一眼看到她過去世的母親，卻不是她這世的生母，因為太悲傷所以哭不停。

鈴茵以為幫她開刀的那個女醫生是她前世的母親，而我不敢說實話，因為怕她嚇壞了，試想一個剛從棺材中跑出來的女兒，這聽起來多麼驚悚，所以我只好隻字不提。

但是，我找機會去鈴茵家，抱著正在哭泣中的嬰兒說：「投生在我的好友家有什麼不好？鈴茵的脾氣好，有愛心，學識高、擅長栽培孩子，而且非常富有。投生為她的孩子，更有機會自在的展現自己的天賦。」

我關愛的對她說：「不要再吵現在的爸媽啦！高高興興的成長吧！我會常常來探望妳的。而且我會一直從旁關心妳的靈性成長，妳可以放心！」她彷彿聽得懂我的話，完全停止哭泣，並且用那淺灰色眼珠子認真的望著我。她的眼珠在一年後逐漸轉黑。現在她已經大學畢業了！她聰

明伶俐品學兼優！和她上輩子一樣，琴、棋、書、畫，樣樣精通，是個快樂積極的好孩子。

而我自己就在那年底懷孕，次年，安全的生下了兒子，夢中觀世音菩薩的話逐一應驗了！這真是不容易，因為當時我女兒已經十一歲，她終於盼到一個弟弟了！

我剛懷孕時也有一個奇蹟，因為超音波照出嬰兒頭部有黑點，醫生懷疑胎兒腦部有問題，我先生很擔心，就半夜起床，念地藏經迴向給胎兒。

當時正在睡夢中的我，忽然，看到先生殺了一簍鴿子，那些血淋淋的翅膀與鴿腿，竟變成人類的手和腿，於是我從夢中嚇醒，從此發願吃素，後來再照超音波時胎兒就正常了。

我先生說他家以前養過鴿子，他確實殺過鴿子。從發生此事之後，他也發願，從此不再殺生了！

# ❄ 夢境的啟示

初到加拿大時，我們買了一棟一、二樓的舊房子，樓上出租，樓下自己住。有一天，在睡午覺的時候，夢見一場奇異的景像，我看到頭頂上有一個浴缸，裡面坐了一位長髮女子，看不清她的五官，另一邊站著一個大巨人，站在半空中，朝著女子用力吹氣，因為力量很大，吹了又吹之後，就產生了巨大的風力，終於把女子給吹走了，醒來印象深刻。

當天夜裡一點左右，二樓浴缸突然堵塞，大量的水流到一樓來。我先生急忙把一樓的天花板打開，鋸斷排水管，從裡面抓出了一大堆長頭髮，之後他把銅管焊接回去，但是銅管在屋頂，他仰著頭很困難的焊接。因為焊接時會掉下來許多火紅的銲錫，燙傷了他的臉，所以他努力的把銲錫吹走，吹了又吹，吹個不停。這時我突然覺得看過這一幕，才聯想起下午的夢，他站在樓梯上的樣子，吹的動作與姿勢，幾乎一模一樣！整件事與夢是同一回事！

因為這個抽象的夢，我明白了，在地球上發生的事，其實早已在另一度空間發生過。從此，無論發生什麼困擾時，我比較能心平氣和，因為都是事出有因，不必抱怨或不耐煩。

## 父親的印證

　　當我正享受修行的喜悅時，突然得知父親驗出癌末，而且群醫已經束手無策。接到消息之日，彷彿晴天霹靂，我痛哭失聲，想到我那仁慈善良的父親竟會得到這可怕的疾病，而且似乎很快就要離我而去，我的心幾乎要碎了！

　　然而，就在當天夜裡，一位來自台灣的師兄，找個藉口住進我的家（事後回想，他其實是專為渡我而來）。他一見面就告訴我：「人總是要死的！你別以為吃素的人就不會死！」

　　奇妙的是，當時我心裡正在想，為什麼我父親吃素多年了，還會得癌症？所以我就順口問：「為什麼會死？」他說：「吃素的人如果都不會死，不都變成老妖怪了？」我也覺得好笑，但是，我已發現他是證得他心通的聖者。

　　當晚我獨自去請教他，有關父親的病，他說：「這次你父親是死定了！我都看見他躺在棺材的模樣，及告別式的許多鮮花，因為他生平布施很多，所以值得這麼多的鮮花，未來都已成定局，沒法可改了！」

　　我非常傷心的流著淚，並且不服氣的說：「我父親一

生都在作善事，他也努力修行，他不該得這種病，至少他該有個善終！」

　　他：「你怎知他沒有善終？」
　　我：「這個病聽說會很痛的！」
　　他：「我保證他從頭到尾都不會因為這個病而痛！不信妳回去陪他，反正只剩短短幾個月，妳去陪他之後就不會那麼悲傷，妳會比較情願讓他走！」

　　我仍是不停的落淚，他無奈的說：「不要特別重視這種阿修羅感情，修行人太重情是一種執著，你不要太悲傷，否則身體哭壞了靜坐也坐不好，修行也不會進步了，妳知道嗎？身體不好，打坐時是不會進入高境界的！」

　　隔天我先生吵著想和我一起回台灣，他想回去找工作，不想留在加拿大。我覺得好像上天，一口氣想拿走我生命中，最重要的兩個男人，絕望的我又去找這位師兄，他輕描淡寫的說：「讓他去吧！找不著什麼工作的，沒那個緣，過幾年他厭煩了，就會乖乖的回來，再也不提回台灣的事！何況他不在，妳才好修行！」

　　接著，他又說：「他的腳很痛吧？我看到一大群鵝圍著咬他的腳，他吃了這麼多的鵝肉，鵝很凶的，妳睡他旁邊，也不得安寧，怎麼修行呢？要是我啊！就讓他走，才修得快！」

我說：「他確實有痛風，常常一夜痛到天亮，他最愛吃鵝肉了，但是我們有兩個孩子啊！叫他走，孩子就沒有爸爸了！」

　　他笑著說：「妳啊！很早就修到超三界了，竟為了渡這個人下來七次了，天堂、地獄都為他去過了！我觀察你們之間的因果，妳也不曾欠他什麼，卻為他吃那麼多苦！這一世萬一又渡不成，妳還想再陪他來這個苦海嗎？」

　　這時我越來越相信他了，於是誠心求他渡化我先生，他說：「既然妳都開口了，我也就試試看，我會花幾天來做這件事！」

　　隔了幾天，我趕回台灣陪伴日益消瘦的父親，心中的疼痛自是不用細說了。有一天，接到這位證宿命通的師兄打來的電話，原來他已經回到台灣，他說：「妳拜託我做的事，我已達成了，我和妳先生談過幾次，他還挺風趣的！」我說：「這幾天我也看開不少，如果我先生得離開，我才能修成，我就讓他走吧！」他笑說：「妳先生其實滿可愛的，可以留他下來，他也會修行的！」我心想，我先生怎麼肯修行呢？（我先生在隔不到三個月之後，開始了吃素和在家修行的生活。）

　　但是，當時我最在意的是父親的生死問題，所以又提起父親的病：「師兄，到底我父親有沒有方法可救？」

師兄說：「沒有！但是我幫他去玉皇大帝那兒查過，他原本還要十幾世才能修成，現在大幅縮短為幾世就能修成正果！你們應該替他慶幸才對，這是喜事！」我問：「為什麼可以縮短時間？」師兄說：「因為妳父親這世很慈悲，做了許多善事，所以進步如此神速，但是下一世能否成就，要看他自己的努力，**我們修行的快慢，完全看我們是否精進。」**

這時我母親也來請教師兄，師兄說了一些安慰的話。後來他交代我要小心，因為我父親會逐漸知道我們在想什麼，也會看到一些異象，因為他的靈魂逐漸接近靈界了，很快就會進入「中陰身狀態」，會開始有神通能力。所以在他面前不能想不快樂的事，免得他知道了會難過。

等我們掛掉電話以後，父親突然問：「剛才打電話的人是誰？是不是高人？」我很好奇爸爸為何以高人稱之？原來剛才父親因為好奇，在隔壁房間拿起聽筒，沒想到父親看到聽筒發出一股白色強光。

幾天之後父親更奇怪了，他指著我母親、我、及妹妹的頭說：「妳們頭上都有一圈光。」我驚訝的問：「什麼樣子？」父親指家中觀世音菩薩的畫相說：「就像那樣，圓形正好包住妳們的頭，妳媽的光大約六尺，妳們的兩尺寬！」我以為父親病糊塗了，就經常考他。每次有人來訪，或其他親人回來，過後，我就問父親：「剛才某某人

有沒有光？」父親總是搖頭說：「他們身上都是吃肉的臭味，黑黑暗暗的哪來的光？」

只有兩人例外，一個是以前練氣功的同修，她吃全素每日靜坐一小時，父親看到她有半尺光。另一個是我親戚，她吃素，拜佛，偶而念經，她也有不到半尺光。有一位氣功同修本來吃素的，父親說：「她哪有吃素？渾身都暗得可怕！」我後來問她：「妳現在還吃素嗎？」她說：「現在沒有啦！全家都吃葷的，我總要吃剩菜，不然倒掉了可惜！」我知道她在找藉口，但父親真的沒看錯！

從父親說打坐者有光之後，我就努力打坐了。有一夜，我打坐四個小時，次日，父親說：「奇怪妳今天的光變大了！變成四尺寬！」有一天我打坐之後，父親又驚訝的說：「妳進步真快，今天變成六尺寬了！已經趕上妳媽媽了！」其實以前媽媽是很認真的，打坐時間較長。而我一向缺乏紀律，沒認真打坐。自從發現打坐時間長短影響光度時，我更努力打坐了。

有一天，我與妹妹去山上共修後回到家，正好父親坐在客廳，我進門時，父親瞇著眼望著我說：「妳今天太亮了！好刺眼，我沒辦法看清楚妳的臉！」我笑著問說：「今天有幾尺？」父親搖頭說：「太大的光了，不能用尺或丈來量，應該到幾公里以外去了吧！我沒辦法看到尾端。」我感到很喜悅，頭一次覺得修行如此簡單！

但是，當我感到無限歡喜時，卻看到父親流下眼淚，這是勇敢面對病苦的父親頭一次落淚，他說：「妳們都修成了，而我，這輩子是修不成了！」我安慰父親：「既然你知道靜坐這麼好，為什麼都不坐了呢？」父親黯然神傷的說：「太遲了！身體病了，沒有元氣修練了！」

我說：「爸！這光的事情到底是真是假？還是你在安慰我們的？」父親忽然間很神祕的說：「這當然是真的！我騙妳們做什麼？我是偷偷告訴妳們的，這本不能說的，我是為了妳們修行的信心才洩漏天機的，以後不能再說了！他們說不能說！」我沒問「他們」是誰，我猜是指導靈吧！從此，父親絕口不提「光」的事情！

父親真的一直沒有痛過，一粒止痛藥都沒吃，夜間也睡得很好。有一日還半開玩笑似的自我安慰：「上天派了三個發光的仙女在我身邊，我就是不信我會有事！」父親往生時，我不在台灣。母親告訴我，父親在往生的前一天說：「從我生病開始至今，師父天天都在我身邊！師父還告訴我，**我的病好了**，但身體已鈣化，不能吸收營養了，以後不用煮東西給我吃了，我現在好舒服！好輕快！」

第二天清早，父親問看護洪女士說：「昨晚一夜美妙的音樂妳是否聽到？」洪女士問：「是佛讚嗎？」父親說：「不是！是從來沒聽過的，很好聽的音樂！」父親要求弟弟扶他起來坐著，弟弟推來輪椅，正想扶起已經弱到

無力起床的父親時，父親居然自己很快的坐上輪椅。那一剎那，弟弟還開心的以為父親的病有了起色！

弟弟和母親陪著父親一起到大窗前看日出，俯瞰下方的雕塑公園，溫馨交談約半個小時，正當母親走去廚房拿個東西時，父親彷彿就在瞬間離開人世，沒有一絲掙扎與痛苦！牆上的時鐘，是七點零二分。

我們真是感謝上天對父親所做的一切安排！由於母親仍迷信，認為人不能死在床上，所以一直擔心不小心會讓父親在床上斷氣。沒想到，上天安排父親能安詳的坐在輪椅上，在欣賞日出的時刻離開！這對父親的下一世會是個美好的緣起。

父親一生慈悲，樂善好施，持素學佛多年，助人無數！在父親往生的當天，我連續打坐八個小時，終於清楚的看到父親回到靈界的近況。他的外貌看似四十歲，穿著西裝，神采飛揚，興高采烈的，正在對著一群人演說他這趟人間之旅的成就與心得，這些人大都是他在人間時的好友和同事們（包含已去世的和仍然在世的）。

幾個月後，我夢見，父親正在學習菩薩的課程。夢中我剛吃完早餐，看見父親來了，我好開心的握著父親溫暖的手說：「爸爸我幫你準備早餐好嗎！」父親側著頭若有所思的想了一下說：「不用了！我好像很久沒吃東西了，

自從我來到這兒，從來沒有覺得需要吃東西！」

他又說：「現在我上的這個班級是教導菩薩課程，我要很努力才能跟上進度，我需要六祖壇經和地藏菩薩本願經，請妳幫我找來！」

父親往生多年後，有一天清晨，我小妹的婆婆非常驚喜的打電話給她說：「不可思議！不可思議！今天早上妳爸爸來救我一命！我是醒著親眼看到他！清晨三點，我的血壓升高、頭痛欲裂，我吃了降血壓的藥、吃了止痛藥都沒用，甚至拿布條來綁著頭，也還是痛，試了各種方法後，才想到親家曾教過我練氣功靜坐。但是，我已經荒廢多年沒練習了，不知從何開始。」

「正在痛不欲生時，忽然看見巨大的光，就像金色的河流從天上流下來，我以為是佛來了，但是當我仔細看光的中心，居然是親家！他坐在金碧輝煌的椅子上，身穿白色中山裝，全身都閃閃發光。他沒有說一句話，但以手示意要我跟著他做，他一招一招的教我，我就一一跟著做，最後有一個動作讓我覺得好痛，劇痛的剎那間，就好像雨過天青，一切痛苦和陰霾都消失了！」

「我正想跟親家道謝，他卻消失得無影無蹤！我看看時鐘是三點半，我知道我一直都是清醒的，這不是夢境，我迫不及待想要告訴妳，但因為是半夜三點半，不忍心吵

醒妳，好不容易熬到五點鐘才打電話給妳，告訴妳這個不
可思議的好消息，妳父親顯靈來救了我的命！」

　　有趣的是，從此之後，親家母不敢在父親顯現的那個
地方更衣，她認為父親隨時都可能再度出現。

# 師兄的忠言

我曾請教那位證神通的師兄，我修行沒有進步的原因。他列舉了五點：

## 一、驕傲和自滿的人修行不會進步。

因為他們認為自己懂得很多，修得很好，做得很完美、很夠了。他們認為沒有人可以講他們，他們也不想聽別人的，所以他們才會不斷的錯過上帝及佛菩薩的恩典，而永遠的停留在原地，不會進步。「原地」指的就是一個充滿幻想、貪婪、虛榮、好勝、愛比較、期待讚嘆和肯定的虛假世界。

## 二、貪生怕死不是一個真正的修行人。

修行人指的是一個不畏艱難、努力追求真理的人。不是拿著修行當藉口，躲進來避難的。修行人要有勇氣接受一切，不管情況好壞，一旦我們接受一切，靈魂就會被蛻變，接受就能超越！不是一味逃避、好逸惡勞，我們不是修行的難民！修行是為了尋找真理、尋求開悟和智慧，不是為了躲避災難！如果疾病、災難和不祥可以讓我們看破放下、不執著和開悟的話，那麼他們不是不好的，而是上帝的恩典。

## 三、好勝。

好勝就一定能勝嗎？不服輸就能不輸嗎？

誰能跟上帝鬥？誰能跟永恆和生死鬥？

人太渺小了，小得微不足道，所以有什麼好驕傲呢？

## 四、如果你修的是無上法門，最好有準備去死的精神！

因為那個無上力量會逼我們的頭腦死，逼我們的貪婪、嫉妒、我執死。那些障礙我們靈性開悟的東西不死，我們無法獲得新生！就像毛毛蟲要蛻變為蝴蝶時，必先置之死地而後生。無上法門會蛻變我們的靈魂，如果你真正誠心努力修行的話，它會把你從罪人變成聖人，把你從黑暗帶進光明及永恆的喜悅。

## 五、「我」指的是神性。

神性既然是不生不滅怎麼會生病呢？

如果身體病了，不要說我病了，應該說身體病了！

頭腦混淆不清、貪婪迷惑時，要說頭腦病了，不是我病了。因為我們跟身體和頭腦黏在一起生活太久了，才會受苦的。

師兄的話讓我深深的感動，我立刻修正自己的缺點，隨時觀察自己的想法，立即有了很好的體驗與進步。我發現只要自己肯虛心改進，修行也不難，修行就是修正自己的思言行！

# ❋ 拜訪王羲之

這位證神通的師兄，總嫌我打坐太少，所以有一天我特地靜坐了四個小時之後，才去向他求教，沒想到師兄竟看出來，他興奮的說：「我以為妳打坐不容易得到光，沒想到妳才坐四個小時，光就這麼多，今天真高興看到妳的光強起來，以前妳就像一個富有的人，放著一倉庫的財寶而不去拿來用，光在那兒叫窮。現在我發現妳輕易的可以拿妳的財富來用，真替妳高興！妳知道嗎？我們整個道場也沒幾個真正肯修行的、想好好修的，更不用講那些不修行的世間人了！看到肯修的人真難得，真高興！告訴妳一些有趣的事。

師兄說：「我喜歡書法，常去拜訪古代的書法家，找他們教我寫毛筆字。」

我好奇的問：「你看到的是真實的世界，還是過去的影像？」

他說：「很真實，連毛筆都可以滴出水珠，所以我們可以交談，做朋友，其實現在、過去、未來、都是同時存在的，所以我可以隨時走進走出，要查到每個人的過去世，易如反掌，甚至十幾世前的因緣都可查得清楚明白。」

我問：「未來是定數？還是可以改變？」

他說：「大多已定，小部分可以改，修行人如果努力精進，就比較容易改變命運！因為修行人不斷修正自己的錯誤，命運當然會改好。」

我：「如果過去、現在、未來，同時存在，那有幾千萬億個我們？」

他：「是這樣沒錯，但也是一個。用頭腦是想不通的，妳先有個概念，以後自己去證得吧！我得到的，沒辦法給妳，妳得靠自己去證得。」

當我又提起思念的父親，師兄說：「趕緊修到開天眼吧！這樣妳可以隨時看到他，不管他在世上，或離開人世，妳一想到他，就可以見到他。我隨時可以看到我已往生的祖父，只是很少想要看他，看多了也沒意思，個人有個人的工作，我不那麼執著於阿修羅感情。」

第二部

# 與上天溝通

# ❋ 愛海

　　父親往生之後，我開始加強內修靜坐，我所練習的是集中看內在光的方法。起初有一段時間看不到光，後來才逐漸看到一點淡淡會動的光影。但是我也不灰心，持續練習之後，光影越來越明亮，而出現時間也越長。

　　大約過了兩年，在一個戶外打禪的清晨，我在帳篷中靜心時，忽然光越來越強，內在的音流也越來越大。那股金黃色的強光，大得好像天空中開了一個大洞。這時感覺有一股強大的電流衝擊我的身體，整個身體被衝擊退後約一尺。我想：我應該往光中衝進去吧！但是，當我起了念頭時，光、音及電流都消失了。我只好重新靜下來打坐，不到一分鐘，又來了強大的光、音及電流。可惜，我仍然沒有從那光中衝進去。我覺得那邊是另一度空間，那兒充滿了能量。有了這樣的體驗，我開始對修行充滿信心，我相信這樣修下去總有一天會開悟的。可是，問題始終卡在那兒，不知該如何突破和進展。

　　有一次共修時，我不斷的咳嗽，咳到胸腔都痛了，一陣激烈的咳嗽之後，就對坐在我身邊的同修Arthur師兄說：「坐離我遠一點，免得傳染給你。」他微笑說：「不要亂加持我得病，我跟你沒有一樣的業障。」我說：「我

都想去檢查了，不知道是什麼病？」他說：「其實也不是什麼病，是你前幾天不小心吃到含蛋的食物，所以目前在排毒，排毒要十四天的時間才能排完。」

我回想起約十二天前，我吃了一袋素肉乾，是朋友特別從台灣為我帶來的，味道很香，我吃得很開心，吃完才發現包裝上標示含蛋。我想，都吃掉了，不知者無罪，就沒放在心上。沒想到 *Arthur* 居然知道，而且正如他說的，兩天後，我的咳嗽完全好了，正好合計排毒十四天。我逐漸察覺到他超乎常人，居然心靜到這個程度，可以聽到別人的心聲，知道別人的過去和未來，於是開始想要認真的跟他學習。

因此，我去請教師兄如何突破修行障礙。他淡淡的說：「愛心不夠，是不能進步的原因。」我回家想了好久，我一向都是冷眼觀看世界，自掃門前雪，愛心確實有問題。這種習性一時之間還不知從何改起呢？然而，我盡量想辦法改就是了！從那天起，我對親戚朋友開始用心以待，對不太友善的人也盡量真誠相待，就這樣也不知道愛心及格沒有。師兄又應我的要求，教我一些修行的方法。於是我一步一步的修改身、口、意的缺點，練習放下我執，逐漸放下對世俗的欲望。

有一天，師兄說：「剛才幫你計時，你在二十分鐘內沒有任何念頭，我看你的頭腦很容易放空，我教你如何查

訊息吧！你可以**問一個問題，然後把頭腦放空**，就可以聽到指導靈回答你的問題。」我回家練習一陣子，真的可以問到許多答案。

有一次我想證實答案的正確性，我問：「下一個找我的人是誰？」答案是我的弟弟。我想，弟弟人在台灣耶！誰知道才隔了一小時，弟弟還真的打電話找我。

另一次我查一位親戚的來歷，內眼看到的是一條美人魚，我困惑的說：「怎麼會是美人魚來投胎的？或許是我查錯了吧！」但是，妹妹興奮回應的說：「曾經有一位天眼通的修行人，說她是『鯉魚仙子』來投胎的。」用這樣的方式，我試了許多次的問答都很準確。因此，我逐漸對內在訊息產生信心。

開始有能力與上天溝通時，我忍不住要感謝上帝。這是多麼值得喜悅的時刻，數十年的摸索與修行，終於露出曙光。就好像歸途中的旅人，知道家就在不遠處，在那裡，我擁有永恆的喜悅。我的心不再流浪，我還可以幫那些流浪的心找到回家的方向。

## ❄ 通靈日記

*2002.07.19*
························

我說：師父！上帝！感謝祢們！
內在師父回應：這是我們的光榮使命！

問：我兩天沒好好打坐了，會不會被扣分？
答：在這個層次，你時時都在打坐了，不是嗎？
　　**不要拘泥於形象的打坐。**

問：工作不是會分心嗎？
答：外在是忙碌的，**內心是平靜的**，那就是打坐！

問：打坐如何入定？
答：**平心靜氣，不思考，一心不亂，直至忘我的境界！**

問：我的父親往生後在何處？
答：你的父親正在超意識層次，關心你們的成長，
　　他告訴你們：你們的成就是我的光榮！

問：超三界的定義。
答：脫離世俗的層次，走進心靈的境界，
　　走向**永恆的真理**，不再回頭。

問：為何我夢到再次與丈夫「結婚」？
答：再次**自我成長**，同時與先生的情感跨入更高的層面，
　　更容易彼此心意相通，互相扶持，以及共同成長。

問：為何我在夢中找不到「**衣服**」，去借母親的。
答：你自覺**能量**不足，向上界借用，母親代表高等靈界。

問：我借到一套**紫花亮光衣裙**是什麼涵義？
答：上界衣服是**能量**的象徵。
　　紫色光代表療癒、清理磁場、和消除業障。

問：為什麼夢中忘了宴客時間地點？
答：你在超越時間與空間。

問：為什麼我夢見邀請所有的親友吃飯？
答：你想幫助所有的親友靈性成長。

問：夢中為何只有我自己一人出現？
答：你在獨立奮鬥中。

問：我夢中為何緊張的找餐館？
答：你在尋找圓滿與愛力。

問：我會成功嗎？
答：一切努力都會有成果的。

問：為什麼我穿的不是結婚禮服？
答：你在突破傳統的束縛。

問：這會很難嗎？
答：你的成長很快，不要擔心！

問：有位親人想知道他未來的生活規劃？
答：專心修持，無所掛礙，與萬物同一體。
　　勿執著幻滅的物質，自然看清滾滾紅塵非久留之地。
　　欲求何需過高，徒然增添煩惱，
　　放下一切，就是涅槃。
　　把握光陰，不做無謂浪費，
　　必在此生證道，慎勿放逸！

問：有位同修想知道他目前的修行障礙？
答：他對世俗的牽掛未全然放下，
　　過分自責的情緒，
　　愛憎分明的思想，
　　過分審慎的態度，都是執著，
　　必須放下執著才能順利提升。

問：他要如何超越？
答：放下成見、放下心因障礙，
　　放下批評責怪的情緒，放下所有的愛恨情仇。
　　告訴他，一切轉眼成空，沒有永恆的敵人。

問：他目前的修行重點？

答：**圓滿、圓融、愛力與無畏**，付出不求回報，
　　這就是**無條件的愛**，是我們最崇高的理想！

問：**圓滿**？

答：自在無私與包容，莊嚴華麗的天堂，
　　光明與喜悅，完整的人格，天國的品質，大愛！

問：**圓融**？

答：與人相處融洽，有愛心、耐心、包容心，
　　寬懷的心胸，無私的人格，純真的心性。

問：有位親友想知道他目前的修行重點？

答：了解**小我與大我**的概念，可幫助他啟發精神能量，
　　一般人以為自己綁在小我裡面，無法真正的超越，
　　只相信柔弱肉身，不相信自己神性中擁有強大力量。

問：有些同修抱怨打坐沒有光與音！

答：他們心裡俗事太多，牽掛太多，沒有專心打坐。

問：如何幫助他們？

答：勸他們放下掛礙，
　　全心全意修行，不要無謂浪費能量，
　　日日精進，神性光自會現前，內在音聲自會變大。

問：有位同修想知道適合他的成長方法？

答：啟發他快速成長的方法是「**安住於實相**」。

　　相信上帝、相信我們來自上帝，

　　相信我們的萬能力量。

　　一切向內尋找，應無所掛礙，毋庸擔心。

　　明白上帝與我們同在，繼續努力修行。

　　我們是天堂裡美麗的眾生，我們就是圓滿與愛力！

　　告訴他們：

　　所有的考驗，都是為了幫助人們進入「**實相**」，

　　找到**本來面目**。

問：我有哪些修行障礙必須克服？

答：無所求的心

　　愛與被愛的詮釋

　　抽象意念的成長

　　時空觀念的限制

　　無求的境界

問：聽起來好空泛，是空的感覺嗎？

答：空相中的實有。

問：何謂空相中的實有？

答：空相中蘊藏著無所不在的潛能，無所不能的力量。

問：天哪！我覺得什麼也沒看到。

答：不要執著你所看到的外相。


問：其實我的眼睛目前只看到清晨屋外街道寂靜的景象。

答：**專注你心性中的「空寂」，不要掛礙外在的事物。**
**專注內在的尋找，找回你內在的力量。**
它是亙古存在的，你從來沒失去它，只是重新憶起。
不難，也不用想像，那是自然來的，它會自然顯現，
像你的無上力量突然湧現，不需思考，不要思維。


問：我試著努力**找回內在的力量**，誰來幫我？

答：我們一窩蜂的人！


問：多少人啊？

答：無所不在的人，無所不能的力量。


問：是你們推著我向上提升？

答：正是。


問：但我覺得我很笨！我真的修得起來嗎？

答：沒有人真正完美，除非他找回自己**無所不在的力量**。
你不孤獨，你有我們的支持。


問：目前如何靈修？

答：**專注於心靈成長，全力以赴，不要分心。**

問：我得閉關嗎？
答：勢在所需～如果你志在必得。

問：閉關的方式？
答：足不出戶，隔絕一切外界干擾。

問：生活所需呢？孩子呢？
答：交代別人做。

問：何時開始？
答：你自己決定，越快越好，祝你早日成就！
我：感謝祢們無盡的愛！

閉關前，我請先生及一對兒女在閉關期間為我護持，
他們聽說十五天不能與我說話，都依依不捨緊緊擁抱我，
讓我受寵若驚，其實我只是一個人搬到三樓住幾天而已！

一切快到我不能想像，
我感覺到黎明前的寂靜。
我的心忽然沉靜下來。

## ❋ 閉關日記

這是我有生以來第一次閉關，
有一種脫離塵世的感覺～清靜、自在、祥和，
最重要的是，我學會時刻與上界溝通，
信心大增！感到無上的光榮。

問：何謂無所求的心？
答：沒有得失心，沒有對人事物的執著，
　　坦然面對每一個當下，
　　專注於生活中的人事物，但沒有掛礙。
　　眾生的諸多念頭都想求得利益，
　　**有求的心，見不到實相。**
　　貪婪與執著，不能使心靈成長，
　　**無求**，是全然的放下，
　　不掛礙，不惹塵埃，清靜自在。

問：何謂愛與被愛？
答：愛是無所求的照顧別人，關心別人。
　　大愛是超越凡俗的愛，不綁人，不求回報，
　　一心希望別人快樂成長。
　　被愛是被照顧、被疼愛的感覺，
　　會使被愛者心生歡喜，感到光榮，
　　生出信心，發出愛力。

愛與被愛是世界上最快樂的感覺！
愛是恆久的力量，不因時間空間而消失。

問：世人的情愛為何常變質？
答：那是狹義的愛，
　　用來綁人，使人怨恨、不自由、無奈，
　　是自私的品質，不曾替對方著想，
　　造成別人身心受創，
　　那不是真愛，
　　只是一種有條件的交換。

問：其實我懂，為何要我去詮釋？
答：你真懂了嗎？你總在否定愛，你以為它是不存在的。
　　你以為只有你懂得愛別人，
　　你一直不明白別人對你的付出，是真實的感情。

問：他又去愛別人了，不是嗎？
答：你沒愛過兩個以上的人嗎？
　　你會為了愛一個人，就否定一個你真心愛過的人嗎？
　　那只是你同時愛上不同的兩個人而已。
　　仔細檢討你的婚姻，
　　你的選擇只是個緣字，並不是因為你特別愛誰，
　　**姻緣是個定數，是業力牽引。**
　　你會嫁給你看得順眼的每一個男子嗎？

問：我懂了這個，對我的修行有幫助嗎？

答：你會平靜下來，心如止水。

　　你不會再抱怨，或覺得自己受傷及委屈。

　　你會更懂得愛別人，體諒別人。

　　你會逐漸發現自己的幸福，發現真愛並沒有離開你。

　　**你會更有能力愛別人。**


問：如何讓抽象意念成長，以及突破時空觀念的限制？

答：明白沒有時間與空間，沒有日夜與四時寒暑，

　　沒有明暗，沒有陰陽，

　　沒有是非，沒有愛憎，沒有對立，

　　**實相世界只有純淨的美。**

　　所有的對立都在這個境界消失，

　　一切無明皆在這裡清除，

　　那些無明的習慣，在這裡徹底做個了斷。

　　**自由意識的產生，全然的解放，**

　　**時間無限，空間無限，**

　　上層世界，亮麗輝煌，

　　超能力的產生也在此時出現。


問：上層世界的人啊！請告訴我，如何進入你們的天堂？

答：**靜默，傾聽內在的聲音。**

　　那音聲會引領你重回上帝的懷抱，重回實相境界，

　　在那音聲的盡處是你的家鄉。

　　我們看到你展開雙翼準備回航，

我們全體都虔誠的祝福你早日回到家。
你是我們最思念的家人，
你在回航的途中不用害怕，
我們會全力護航。

（每當我重新看到這段對話，
都會被上層世界的愛心，再一次深深的感動。）

問：何謂「超意識」？
答：**超意識是能量的蘊藏所。**
　　超意識有無限潛能，
　　掌管生死奧祕，控制宇宙的變化，
　　我們皆從超意識而來，卻忘了超意識的存在，
　　與超意識能量失去連結的眾生，
　　活在懷疑、恐懼、不安的情緒中，
　　因為他們對於未來的不確定性感到不安，
　　無奈的走過生、老、病、死，疲累與消沉，
　　終日麻痺自己的感覺，沉淪於短暫的歡笑與得失，
　　他們忘了自己的榮耀光輝，在無明中惶惶不可終日，
　　他們斤斤計較於榮辱得失，以減輕他們的不安全感，
　　他們總是拖著沉重的步伐走向未來，
　　所以他們的肉身，總會出現各種病症，
　　一切皆因無明而來，而**拔除無明的唯一方法是：**
　　**靈修與靜坐，重新找回超意識能量。**

問：找回超意識能量的捷徑？

答：沒有所謂的捷徑，必須先看破一切外相的無常，
專注於內在，打破心性中的無明，才能證得內在力
量。

問：我出關後，想把這些對話記錄成一本閉關日記，給我
的親戚朋友們看好嗎？

答：當然可以，我們這個智慧醞釀團正想藉助你的力量，
去完成我們的共同使命，拯救現在及未來的人類。

問：為什麼會選擇我？

答：因為你有單純的心。
你活著的目的只是為了修行及幫助眾生，別無所求，
所以我們樂意與你合作，共同完成任務。

問：有人看得懂嗎？

答：每個人都會懂，只是有些人在逃避醒來，
他們尚未玩夠，沉迷其中。

問：苦海好玩嗎？

答：他們沒有悟到那些苦，
他們以苦為樂，甘之若飴，很難醒來！

問：如何讓他們甦醒？

答：向他們解說無常世間的短暫、不穩固，
一切無常幻相的得失皆有對立之苦，

愛產生恨，冷的對立是熱，
得到的將要失去，春日轉眼就是秋冬，
年輕很快就要衰老，喜怒哀樂總是伴隨，
財富與得失總是互有因果，
親人總要別離，所愛之人常常不保，
誰有真正美好的未來，
總是黃土一坯，白骨一堆，一切轉眼成空，
卻又墮入無止境的生死輪迴，
為何不賭賭運氣來修行？

問：為何有盲聾瘖啞？
答：皆因無明因果而來，
　　眾生總是觀前不顧後，造了業後悔已遲。

問：他們可以得救嗎？
答：他們只是外表缺陷，內在與我們一模一樣，
　　當然可以得救，只要他們願意。

問：我總覺得腰背不舒服，打坐不得力。
答：你會擔心身體，是仍放不下物質事物，
　　肉體本身就是物質，超越它，才能找到內在真我。

問：我這一整天好像沒修到什麼，怎麼辦？
答：自在一點，本來就無所求嘛！
　　你今天和我們做了許多溝通，逐漸明白上面的旨意，

知道未來該做什麼，這就是收穫，不要計較成敗！
我們時時與你同在，你會走進真理，
正因你想走進來，就沒有任何人可以阻擋你。


問：我夢到一個人在山頂，做了四個巨大的石像，
　　忽然把它們推落山谷全都破碎了。
　　那是什麼涵義？
答：潛意識的四大執著需打破，
　　我執、生死執、無明執、愛執。


問：我執？
答：以為有我，綁在小我裡，執肉身假相。


問：生死執？
答：間斷生死，日日進行，迷惑其中，難以突破！
　　應悟自己無生無滅，了無生滅。


問：間斷生死？
答：細胞每分鐘的分裂都是生死，每一個念頭都是生滅，
　　每一個睡與醒之間，都在經歷間斷生死，
　　生死相續之間產生許多無明的苦，
　　掃除那些迷惑才能見到如來（實相）。


問：無明執？
答：無始以來的無明牽絆，愛與恨，喜悅與憎惡，

如如不動的智慧中，沒有那些雜亂的對立，
只有永恆的自在。

問：愛執？
答：眾生因為愛與被愛而生起諸多煩惱，
　　實際情況是沒有「我」的存在，
　　又哪有「我」是否被愛這個事實？
　　執著愛與被愛走不進實相世界。

問：我覺得閉關像在度假？
答：那是身體的感覺，
　　心靈的成長突飛猛進，突破幾億年的生死重罪。

問：閉關的意義？
答：暫時擺脫人間的束縛，
　　靜靜的思維，試著突破對世間的執著，悟進實相。

問：我覺得閉關除了打坐之外，不是吃就是睡。
答：不要看表面的現象，在另一度空間中，
　　你的靈體正快速成長，正要步入無生的境界。

問：無生？
答：沒有生滅，不再來，永遠脫離凡塵的束縛，
　　沒有生死，進入永恆的國度。

問：當我進入永恆的國度之後，還需要吃飯嗎？

答：你還有肉體在，最好維持不變，用以教化眾生，
　　直到肉身自然老死，進入涅槃。


問：我還能維持夫妻關係嗎？

答：演戲嘛！你比我還清楚！
　　只是一場戲，絕版的戲。
　　你無所掛礙，在那時，你全然自在。


問：何謂一切相皆是虛妄？

答：物質世界的東西變換迅速，無常更替，
　　分秒之間一切都已改變，
　　每一個念頭、所看到的每一個事物，
　　都落入成、住、壞、空的法則中，
　　無可避免的生、老、病、死，
　　春、夏、秋、冬的輪替，
　　日出與日落之間一切都已經轉變，
　　一個生命來到世間，總會歷盡變換與滄桑，
　　忘了本質中的永恆、自在與智慧那些天堂的品質，
　　迷惑在無常的幻相中，像無止境的迷宮，很難脫身，
　　許多得到無上智慧者，總會慈悲照顧指點出離之道，
　　也就是那條通往天堂的道路。


問：我們為何從實相界掉入物質界？

答：我們想展現天堂莊嚴華麗的品質，

所以創造物質界，用以展現、考驗我們的能力，
重新肯定自我，再一次創造奇蹟的天國，
重新得到它，
所以我們**每個人都有天人的品質**，
沒有人找不到回家的路，只是時間不同，
一旦你改變主意**啟程歸鄉**，我們一致擁護你的成行，
只要你真正看破物質界的無常，
放下對物質界依賴的習慣，與人間短暫情愛的束縛，
讓心靈沉靜下來，像是**拍掉塵埃的旅行者**，
悄然回到自己的家園，那裡有我們無盡的寶藏。

問：如何與萬物同一體？
答：你一直與萬物同一體。

問：為何我感覺不到與萬物同一體？
答：放下內心的障礙，
　　放下對時間與空間的觀念，不做任何分別，
　　實相世界就會自然而然的呈現，
　　當你還在分辨自己與別人，好人與壞人，
　　愛與恨，美麗與醜陋，那些**對立**的事物時，
　　你是見不到實相的。

問：我要如何勇猛精進？
答：放下所有的掛礙，不問世事，專心冥想。

問：我們的對話也算靜心嗎？

答：也是靜心的一種，是高境界的靜心，

你正**與上界溝通**，你會越來越了解我們，

越接近我們的層次產生越多的智慧，終至**回歸天國**。


問：我究竟能否走進實相世界？

答：指日可待，無庸置疑。


問：我認為你們在安慰我，我怎能放心？

答：脫離頭腦的判斷吧！

實相世界並不需要很辛苦，才能走進來的，

輕鬆點和我們多談天吧！你會有意想不到的收穫。


問：我實在不相信我可以輕鬆的進入實相世界。

答：相信我們，不要掛礙，我們與你同在，

我們那麼接近你，會適時拯救你上岸，

何況你就在岸邊咫尺之處，就要到家了，放心吧！

我們不會丟下你不管，那多麼不合我們的慈悲之道，

寫完你的書，真相將會大白。


問：為什麼一定要寫完書呢？那是交換嗎？

答：書中也有你要學的東西，學完才能畢業。


問：拜託！不能先畢業再學嗎？

答：沒有畢業就沒有文憑，假的文憑你要嗎？

沒有畢業就沒有辦法去工作（幫助眾生），
如果你還有迷惑，怎麼為眾生解答？

問：誰會相信我與你們的對話？
答：他們的內在、靈魂，什麼都明白，
　　永遠別以為只有你自己有道心，別人都不懂，
　　他們的內在與你是一模一樣的，只是暫時迷失罷了，
　　他們很希望**回到天堂**，正如你一樣！

問：我看到很多人，吃喝玩樂，一點也不思修行。
答：他們沉溺在過深的夢境中，暫時還醒不來，
　　必須不停的、耐心去喚醒他們，才能緩緩甦醒。
　　給予他們一些時日吧！
　　苦難的人生，很容易磨醒沉睡的靈魂。

問：那些還吃眾生肉的人如何才能喚醒他們？
答：告訴他們無常與因果，
　　吃一口肉就得還一口，沒有僥倖的事，
　　物質世界沒有白吃的午餐，吃完了就要付出代價，
　　你不想付，人家也會追著要。
　　**吃肉前想清楚，是否還想繼續在六道輪迴？**

問：如何去除憎恨心？
答：「憎恨心」多因「得失心」而生，
　　擔心自己的財物或名利被奪，

甚至別人不經意的眼光，
都能解釋成輕視、惡意，而引燃怒火，
對治的方法是培養「慈悲喜捨的心」，
以寬懷的胸襟，去包容和愛護他人，
憎恨別人會使自己先受到傷害，
那怒火首先傷害自己，為何要傷害自己呢？
許多人的病痛是因為憎恨的情緒引起，
例如：心臟病、高血壓等等。

問：如何對治貪婪？
答：貪婪始於無明，
　　總擔心財物不夠溫飽，總想把眼見之物占為己有，
　　**貪婪的對治是愛心，想想別人也需要**，
　　大家也都是勞碌奔波，何必你爭我奪？
　　不如高雅一點，欲求少一點，簡單過日子，
　　越少奔忙越接近實相世界，
　　因為實相世界中沒有勞苦與奔忙。
　　你放棄的上天會補償你更多，
　　不用擔心布施會變窮，**懂得布施的人會更有福報**，
　　寬懷大量的人總是活的優遊自在，
　　斤斤計較的人，一世的奔波卻換來愁眉深鎖的面容。

問：實相世界的人們，我如何走進你們的國度？
答：等待，我們會給你奇蹟！

問：真奇怪，人們都說：「要拼才會贏」你們卻說等待？

答：精神界與物質界最大的不同就是

「我們用想的，你們要實際動手做」。

我們用**精神力量**得來輕鬆容易，你們似乎很難想像，

每次叫你們實證實得就好像要你們赴前線作戰似的，

其實，也只是請你們**放下背負在身上的重擔**，

丟下來不要執著它們而已。

改變一些無明的習慣，也只是改變念頭而已，

都是精神層面的東西，你以為你能動手做什麼？

放下世間的習慣，學習在思考中進步，

我們強大的精神力量能做很多事。

你以為你只是在寫字，不是靜坐和修行，

但不同的是，你寫的是**天界的語言**，

你和無所不在的力量一直在**溝通**，

無形中你會取得那些力量，你的證悟是指日可待的。

為什麼要不停的擔憂？

「擔憂」這個品質，只有物質界才有，放下它吧！

放下擔憂的壞習慣！

天堂裡萬事具足，還可以用精神力量創造，

取之不盡，用之不竭，何需煩憂？


問：目前為止，我尚缺什麼？不能看到天國？

答：不知足！

總想獲得更多的開悟、更多的智慧，更多的能量，

你忘了我們約定的「無求」，

**無所求，才能接近實相。**
**實相世界是一個無求的國度。**
你必須**品質**與我們相當，才能踏進來！

問：天啊！這個習慣真難改。
答：如果連你自己都不能改，如何說服眾生改掉壞習慣？
　　如何振振有詞的叫別人看破放下？
　　只不過是「無求」兩個字，轉個念頭吧！
　　不要一直想得到什麼就可以了！

問：好吧！聽你們的，反正你們不會害我。
答：哈！你真幽默！
　　我們喜歡和幽默的人合作，
　　這樣工作起來比較愉快！

問：好吧！既然無所求本人睡覺去也，
　　只有睡覺才會無所求嘛！
答：累了就去睡吧！別找藉口了。

問：還有什麼指教嗎？
答：你的個性**開放**，很像我們的品質，
　　你越來越接近我們了！

問：反正我一定要做到，
　　沒有愛恨情仇，沒有我執、得失心，

還要學會無所求、無憂、知足，沒有掛礙等等，
這些品質都和你們一樣，才能走進你們的世界，
對吧！

答：你總算明白了，正是這樣。
　　大多數的人都要走過這些路，
　　在我們看來幾億年也是有限的時間，怎麼與永恆比？
　　永恆就是無限，沒有時間與空間，
　　那些時空觀念，都是你們的想像力創造出來的，
　　因為有時空的限制，就有生、老、病、死，及無常。
　　時空觀念是修行的一大障礙，
　　試著去忘記時空，忘了白天或黑夜，
　　那些本來就不存在的東西，實相世界裡沒有它們！

問：超越時空觀念，聽起來很困難！
答：其實也不難，**想像你的時間無限，空間無限，**
　　**想像你不會老，想像一切永恆！**

問：那不是在騙我自己嗎？
答：會嗎？相信有時間與空間，才真正是在騙你自己。
　　騙了幾億年還不該停嗎？

問：時鐘滴滴答答的走著，叫我怎麼忘了它？
答：不要看它，那是物質界創造的東西，
　　如果你相信它，你會忘了回天國的路。

問：你不能叫我一個人都不去配合大家的時間嘛！

答：配合團體生活的時候，你可以看它，

　　平時你獨處時，最好忘記時間，

　　不要老記得，幾時該吃飯，幾時該睡了，沒那回事。

　　餓了就去吃，累了就去睡，誰規定一日三餐？

　　那都是前人的習慣，不要被框架框住了，走不出來。


問：人家都說三餐不定時會出問題？

答：別人的偏見，豈可當真？

　　別人還說吃肉有營養，你怎麼不信？

　　那些都是信以為真的人才會被「自我催眠」，

　　越擔心營養不良的人，身體越會出問題。

　　一日三餐，這個想法也是古人設計的，

　　**其實每個人體質不同，工作性質不同，**

　　應該在肚子真正餓時吃東西，對身體最好！

　　這些只是物質的問題。

　　我們還有一些未完的任務，需要達成。


問：我們的任務到底是什麼？

答：如何把此書詮釋到每一個等級的修行人都明白，

　　不再有些許的迷惑，

　　腳踏實地的檢視自己的障礙，

　　快樂的進入真正的修行狀態，

　　突破所有的難關，早日證道。

問：聽起來挺困難的，光憑一本書？

答：不要有否定的思想，

**無所不在的人，能做無所不能的事，**

不要再用人類的思想判斷我們，

**我們有各路的精英，和許多來自你們那兒的成就者，**

對修行的困難和荊棘瞭若指掌，

我們不會失誤，只需你的全力配合。


問：我又不是什麼作家，誰會想到看我的書？

答：時間已到，必須看到的人，自然會有得到書的**因緣**，

**我們會安排**，你只要用心去做，它自然會廣為流傳。


問：糟的是我不知道我還有什麼問題？

答：不要急，泰山也不是一日形成的，

我們有的是時間，何況我們已經完成一大半了，

全部檔案都已完成，只有細部修正，正在進行中，

我們希望做到更完整！


問：一般人對於修行，有哪些迷思？

答：

・以為修行是修行人的事，與自己無關。

・以為人家都是想不開，受了什麼挫折才來修行。

・以為命好的人不用修行，有錢又善良就不必修行。

・以為修行是贖罪者的專屬。

・以為自己不夠聰明，肯定修不起來，乾脆放棄！

- 迷戀紅塵事物，浪費一生在追逐名利、積聚財物。
- 不願放棄葷食。
- 懶得深入去思維。
- 懷疑實相世界的存在。
- 迷戀自己的肉身，修行只是想長生不老。
- 有些人修行，只是用來控制別人思想的藉口。
- 有些人修行，是不停的求神拜佛，
  妄想幾個水果就可以求神明保佑闔家平安，
  或求一些物質的事物，例如：升官、發財。
  對佛法不求甚解，全然的迷信。
- 有些人為了廣結善緣，居然大宴親友，還供應葷食，大
  開殺戒，徒然增添新業障，卻以為自己在布施。
- 有些人燃香求神，放下香就在罵人，惡行惡狀，也自認
  是修行者。
- 有些人心口不一，說的是修行話，暗中卻做傷人的事，
  以為可以瞞騙諸天，果報臨頭又呼天搶地。

問：身、口、意清淨？
答：身：外在身體的表現及所作所為必須是清靜的舉止。
　　口：言語必須正確，合乎情理。
　　意：思維要單純、乾淨。
　　　　也就是**心口合一，內在外在全在修行**。

問：心口不一的壞處。
答：心口不一的人，

以為騙得了別人，卻瞞不了自己的良知，
所以寢食難安，進而損壞了自己的健康和靈體，
業障的累積會拉低自己的層次，
**我們希望此書像一面鏡子，**
**讓修行者照出自己的缺失，逐步修正。**

問：有些人不知道什麼是正確的思想？
答：正確思想是正面、樂觀、進取、
輕鬆、自在、活潑、開朗、有建設性，
負面思想，沉重，總往壞處想，那會產生負面能量，
因此負面思想太多的人會造成疾病及家庭運勢破敗。
負面情緒過多的人，好像運氣特別不好，
彷彿所有的不如意都跟著他似的，
因為，**思想會產生能量**，所以我們必須提醒自己，
想一些好的事，當然未來會有好的果實。
**未來會更好，這是我們該深信不疑的！**
即使真的碰到不如意，也要明白那是上帝的恩典，
**考驗會使我們成長，是上天賜給我們的成長機會。**
也許外在肉體在老化，但內在靈性卻日日在成長，
一切都不用擔憂，樂觀其成。

問：可否舉負面思想的實例？
答：有些人尚未出門就擔心下雨、或被車子撞到，
坐飛機時，又擔心飛機掉下去，
有人婚後擔心生不出孩子，懷了孕又擔心胎兒畸形，

孩子剛生下來，就擔心他是否能養大，

剛找到工作，就擔心失業，

每天擔心一大堆事情，怎麼會不生病呢？

那些負面情緒會導致免疫力下降，中樞神經障礙。

所以我們得時時提醒自己，擺脫負面思想的習慣，

**凡事都往好處去想，把挫折當成考驗，**

才能成功的走向美好的未來。


問：有些天災人禍，是人類無法抗拒的？

答：世界上幾乎日日都有災難發生，

雖然那些災難是一些定業，

但是也啟發許多人修道的想法，

讓人們深入的省思，從而尋求內在的力量。

所以連外表看來最壞的事，都還是上帝的恩典，

更何況是那些好事情！

**每一件事都是上天精心安排讓我們靈性成長的課程，**

沒有一件事是專門用來傷害我們的心智，

除非你自己，沒有人能真正毀滅你，

其實，就連你自己，也不能毀滅你自己，

**因為，真我是永生不死的，我們是恆久的存在。**

上帝就在我們心中，永遠與我們同在。

傾聽上帝的聲音，

直接與上帝溝通，明白上帝的旨意，

知道自己的定位，重新創造自己的未來。

問：我的閉關方式，有沒有需要改進？

答：你強烈執著於打坐，
　　但我們希望你「**記錄修行的須知和方法**」，
　　這是救眾生的工作，也是你與我們的共同大願，
　　你覺得哪一個重要呢？

問：救眾生固然重要，但我自己都還沒有修成？

答：你以為什麼是修成？長了翅膀？還是羽化登仙？

問：至少是和萬物同一體！

答：那還不容易，**你一直是「與萬物同一體」**！
　　無論你是在寫字時、睡覺時、打坐時，都是。

問：我感覺不到！

答：**放下內心的障礙，**
　　**放下對時間空間的觀念，**
　　**放下所有對立的想法，不做任何分別，**
　　**實相世界就會自然呈現！**

問：雖然我聽懂你們的每句話，但覺得好空泛，很無力。

答：**盡量往內集中吧，神性是在我們內邊，**
　　向外尋找，是緣木求魚，永遠不可能尋得。

問：我閉關中吃的食物會不會影響修行品質？

答：不要去分辨食物對你的影響，集中精神在修行。

食物的影響不大，如果你一直在食物上打轉，

對物質的困惑如此之深，你如何專心呢？

重要是你有沒有**專注於一心，時時刻刻在集中狀態**。


問：我四天中瘦了三磅呢！

答：你太擔心物質的身體，擔心到瘦了三磅，

　　別在閉關中刻意減少飲食然後浪費能量去擔心健康。


問：吃素食的優點是什麼？

答：振動力比較高

　　身體比較健康

　　思想容易正面

　　打坐時容易進入禪定


問：昨天半夜，我的孩子突然很激動的大聲抗議，

　　因為我的閉關使他感覺寂寞無聊，而且必須很安靜，

　　他連講話還得低聲的講，他說他快瘋了！

答：他被外界的負面力量利用，來干擾你的修行，

　　不要擔心，繼續努力，

　　我們會盡全力保護你不受干擾。

　　你只要心平氣和的，完成此生中最重大的突破即可。

　　十五天轉眼即過，珍惜每一日每一時，

　　你會有意想不到的收穫與成就！

　　你身邊有許多我們的工作人員，

　　就像是拍電影時，主角旁有一大堆人，

像導演、工具組、道具組、臨時演員等等，

大家都忙裡忙外的。

你做的只是最舒服的工作，

任務是「**頭腦放空，接收我們的訊息**」，

**你越認真，我們做得越起勁**，

別忘了，我們正在拍一部，你即將成就的電影，

只是我們的鏡頭在半空中。


問：好奇妙啊！

答：**任何一個眾生想成就，我們就會全力以赴**，

別忘了，我們都是上帝的孩子。


問：每一個證悟的人，都像我一樣的方式嗎？

答：**每個人有每個人的方式，因為習性與層次不同，**

**所呈現出的開悟方式，就完全不同。**

而你是經由「內在聲音」回來，

那是我們與生俱來的能力，

內在聲音是一種振動力的波動，

我們順著我們振波發出的音流回家，

就像收音機的接收頻道，

那是我們唯一的頻道，

能夠找回我們的無上力量，

進入實相世界～那永恆的天國。

問：我目前的修行方向？
答：喚醒你的無上智慧，走進實相世界。

問：我都知道了，我並未開悟？
答：真理躲在「全然不思考」的背後。

問：你們叫我不再思維？
答：**放下頭腦的成見**，你就可以順利走進實相。

問：如何放下？
答：**靜默，傾聽內在的聲音，走入內在的家園。
　　這是最後的指示！**

## 2002.07.24午後三點

問：昨天**頭很痛**？
答：**調整能量，打開頂門。**

問：我覺得現在，頭頂有奇異的感覺。
答：頂門穴開，用以突破小周天。

問：小周天。
答：即肉身的循環系統，
　　一旦調整在最適當和諧的狀態，才能突破，
　　進入大周天（與萬物同一體）。

## 2002.07.26 中午
......................

問：我現在覺得連救眾生也只是一個夢哩？

答：很好，你醒來的程度更高了，
你已完全明白物質界，是虛假短暫的存在，
與永恆生命比，人生百年幾乎是不存在的，幻滅的。
所以，即使是渡化眾生，也只不過是極短暫的剎那，
所以你認為那不能算是實際的存在，只像場夢而已。
你就在醒來的邊緣，只差臨門一腳！

問：臨門一腳？

答：全然放下！
既然一切都不值得思維，就不要思維，
回到實相世界，你內心的永恆國度～完美的境界。
最後，請你就連「醒來」也要放下，
醒來與作夢仍是對立的，開悟與不開悟也是對立的，
**放下對立，才能遠離物質層次。**

......✷...... ✷......✷......

此時，我完全放下一切雜念
一種全然的釋放，
沒有掛礙，沒有分別，沒有思維的我，
所看到、覺察到的世界是出奇的奧妙！

我忽然發現，連空氣和微風都是充滿了愛的流動能量，
而且感受到這個能量流經我時，溫柔的輕撫了我的臉龐，
好像我們一向熟悉彼此的存在，
原來連空氣都是活生生的智慧生命體！
我無法形容出我真正的感覺，
空氣～其實不是空的
～是一種柔軟綿密的物質，充滿了整個虛空，
空氣中也充滿了神性～上帝！
原來上帝無所不在！
我瞬間體驗到空中的妙有，
感覺到空氣像一些看不見的河流在流動，
而且這些流動的空氣充滿慈愛。

原來，我們一直活在這個**充滿愛的能量**的宇宙中，
只是沒有一刻撤除重重的心防，
真正靜下來，去體驗「**萬物同一體**」的感覺，
希望每一個人都能自己親身去感覺宇宙的愛力，
進入精神界去體驗純淨無瑕之美！
我們必須「**放下對物質界的思考習慣**」才能看到真理！

2002.07.27
··················

**感謝上帝！以及一切幫助過我的靈性導師們！**
**無論是人間或是天上界的高等靈！**
我覺得我重新醒來，對整個世界有全新的認知，

我告訴丈夫，我看到實相世界了！

他笑說：「很簡單嘛！不必像密勒日巴修道時那麼辛苦，吃草吃成一個綠絨人！」

這時我忽然順口唱起一首傷心的歌「每日思念你一人」，奇怪的是，我一點也感受不到悲傷，還唱得十分快樂。

真是一切唯心造！

如果你是一個快樂的人，你找不到一首傷心的歌。

難怪我小時候，聽那些失戀、哀怨的歌，覺得十分無聊。

原來失戀的情緒也是執著於舊愛的人所產生的負面情緒。

世間尚有許多美好的事物存在，何必執著逝去的戀情？

就像是想要抓住剛剛拂過身邊的微風一樣，了不可得。

物質界沒有永恆的事物，

即使愛人沒離開，時間也會過去，人也會自然老化死亡，這是物質界的定律。

看破放下，才能得到**永恆的寧靜**。


我看到屋外每一個走過的路人，

都以不同的膚色、姿態、氣質，**展現不同的美和生命力**，

騎著腳踏車的少女、牽著孩子的母親、背著書包的學生、提著工作箱的中年男子、白髮蒼蒼的老人…

都有他們特殊型態的美感。

我看到人們神性中的品質：**自在、無憂、愉悅**，

從鏡子裡，我頭一次不批評自己的臉，

覺得自己長得正好，即使是一絲皺紋，也是美得恰恰好。

我覺得身處天堂，

在這夏日的午後，從我的窗口看去，
彷彿看到從未注意過的生命實相，
我看到屋外的每一棵樹，
都長得剛剛好，恰好應該長在那裡，
無論是色澤、形狀、或大小，都構成最完美的畫面。
一隻鴿子，從我眼前快速飛過，
我能清晰的看見每一個細微的展翅和勁道
～好像慢動作一樣，
那閃耀繽紛色彩羽毛的翅膀，充滿了生命力之美，
令我深深的感動！
所有人、動物、植物、都美得恰到好處，無懈可擊。
原來我一直是身處天堂。
這四十七年來，我第一次體驗到生命是如此值得讚嘆的。
深深的感謝實相世界的指導靈！感謝他們細心引導我！
讓我看到並且感覺到萬物的莊嚴華美！

我對著桌上那嚴肅的達摩祖師雕像，
忍不住告訴它：「微笑吧！沒什麼值得那麼嚴肅的！」
只要我們放下對週遭一切事物的執著，只是**純然的欣賞**，
你會發現一切眼前的事物，都是生機盎然，
居然～連空氣都充滿了智慧和能量！

*2002.07.28*
··················

一大早醒來，覺得全身都充滿了能量！
躺在床上也一直看到光、聽到內在的聲音，
看著屋外的清晨，剛下過雨，一切格外清新。
最快樂的是：我已經覺察到，**萬事萬物都是能量形成的。**
**我們是永恆的存在**，輪迴轉世也只是換個面貌而已，
**只要心境是天堂，就時時處在天堂中。**
我知道我會很滿足於一切，直到未來，
因為，**我找到永恆的生命。**
我覺得，既然連微風都充滿了愛的能量，
而在這宇宙中，我們還有數不盡的高等境界的朋友，
我們又怎麼會孤獨寂寞呢？
我覺得自己時刻徜徉於一片愛海中。
我從來沒有想到同一體的感覺是與空氣都同一體，
是那樣親密的同一體！

希望每一個眾生，都能體驗同一體的境界，
那是**圓滿、無缺、充滿愛力**的國度！
它其實一直在我們身邊，
只是我們心太忙了，無暇去察覺罷了！

證入同一體之後，
雖然看不到靈體的成長，卻感覺得到，
我們會得到自然神通，可以利益眾生，
因為上帝的力量可以輕易的透過我們，
傳送給祖先、朋友、甚至不認識的人，
我們可以自然無為的幫助眾生提升（超生）。
這種利人利己的事，在物質界中勝過任何一種布施。


深深祝福大家精進修行，早日進入同一體！

# ✴ 宇宙能量場

　　在我首次進入同一體時，看到和感覺到的是～「宇宙能量場」～無限豐盈的能量充滿著我們所認為的空間，這帶給我許多的震撼，這能量是我們和宇宙一體性的存在。在一體性的能量～道、神性之中，沒有恐懼和困惑，覺得圓滿、平安、平等、平靜、舒服、被呵護、被照顧、充滿愛和喜悅……。當我們的心非常平靜時，可以看到，也可以感覺到這**湧動的、活潑的、充滿生命力的、愛的、慈悲的**能量。整個宇宙空間，充滿了流動和交織的能量漩渦。

　　梵谷的《星夜，*Starry Night*》（*P.8*下圖）畫裡月亮與閃亮的各星球之間的能量彷彿在旋轉的筆觸，和宇宙能量場的流動非常近似。我猜想，梵谷在專心作畫時，也曾觸及與感受到這亙古存在的能量場，所以試圖用畫筆去展現它。一般人們肉眼所見的空間，其實並非空空如也，它充滿著宇宙能量流。這能量流像海洋波浪一樣的湧動著，當它流經我們身邊時，輕柔的撫觸我們的肌膚，我們可以感受到它的愛。有些人覺得自己缺乏愛，其實宇宙愛力的能量流充滿我們身體的內和外。無法感受能量流的人們，就很像魚兒一直在水裡游來游去，卻無法感知自己正是在水中。

**進入同一體前，需要修正的習性：**

一、注意力偏重物質

　　偏重物質，忽略靈性的人，感受不到宇宙能量場。

　　看淡物質，提升靈性，才容易進入同一體的頻率。

二、批評心和分別心

　　有分別心時，會產生孤立和匱乏的幻覺，這與一體性
　　的品質相違。批評或排斥任何人事物時，會形成煙霧
　　般的能量，阻礙與訊息場的連結和交流，因此無法進
　　入同一體。批評時，能量容易流失。當一個人真正發
　　自內心與所有的人事物化敵為友、和平共處時，能量
　　會自然的擴展，因為那時更接近同一體的頻率。

**對治批評心的方法：**

一、接受、包容和欣賞所有人事物的本然。

二、站在他人的立場思考，理解他人正在學習的課程。

三、練習在日常生活中沒有批評心。

　　如果在日常生活中不能接納和原諒許多人事物，有許
多情緒起伏，及各種是非善惡等等「二元對立」的念頭，
都會干擾內心的平靜，因此無法觸及一體靈性。由於頭腦
容易批評，所以要練習觀察每一個起心動念，去除雜念，
養成頭腦的良好紀律，逐漸放下批評的習性。

## 練習進入同一體的方法：

一、提升能量

運作「全能量」是進入同一體最快捷的方法。醒著時
都保持在全能量狀態，就好像泡在能量流裡，
很容易進入同一體。

二、無條件服務

願意「**無條件**」服務的人，原則上，是希望大家都
好，當一個人具有**平等心**和**無條件的愛**時，他的振動
力相當接近同一體，因此容易進入宇宙訊息場。

三、祈禱

祈禱是與神的意識以及能量交流，是主動進入訊息場
的一種方法。

四、查訊息（聆聽天意）

查訊息是主動接觸宇宙訊息場的一種方法，查詢過程
中必須平靜，有愛心，因此容易進入同一體。

# 超渡親族

　　在我剛進入同一體之際，靈魂一直處於很忙的狀態，常常夢見自己一戶戶的去許多親族的住所拜訪。當我進入他們的客廳時，就會有許多親人，老老少少，大排長龍的合掌走進來，朝著我微笑致敬。當我合掌回敬時，對方的腳似乎有些動搖，接著就輕輕的飄浮起來，每一位都開心的、笑瞇瞇的向我道謝，然後，像天使一般成群的飄著、飛著離開了！

　　原來超渡人們的靈魂是這麼有趣的事情，太奇妙啦！

　　有一次，我夢見我去一個很大的廣場～類似球場的地方，裡面約有上萬人吧！由於我坐下來就會打坐，並且習慣開始啟動能量，於是能量場迅速擴展，忽然球場裡所有的人都接收到能量，不由自主的飄起來，白日飛升了！

　　不過，偌大的球場裡，居然有兩個靈魂留在原地，我好奇的靠近問他們：「為什麼不走呢？」他們沒說話，表情不開心，遇到這樣執著的靈魂，似乎也不能強求，只能放他們自由吧！

# ❄ 宇宙定位

我終於明白自己在宇宙中的定位，
我是由上帝分支出來的一個能量，
這個能量可大可小，全在意念的變化。
如果把自己充滿愛力與喜悅的能量，
那麼所有接觸到我的能量團的人，
都能感受到那股愛的能量及喜悅，
因而學習取得能量與成長。

我們不是侷限在一個小小肉體中的一個肉身，
我們可以隨時從上帝那裡取得無限的能量照亮眾生的心，
讓眾生逐漸明白自己也是一個能量場的地位，
我們都是平等的，能量也是不滅的。
所以當我們死時，只是拋下肉身障礙，
能量卻隨即前往更適合我們的空間，再充電，再進步。
我忽然發現自己是一個發光的能量團，
我不再只是個由骨骼、皮膚、頭髮、眼睛等等物質
所構成的一個生命體。
我們隨時都可以是一個充滿宇宙能量的發光體，
照亮每一個眾生的心。

# 永恆的記憶

當你知道生命是無止境的，
當你真正明白我們與所有生命都息息相關，
我們不停的投生來創造新的生命共同體時，
你會變得無所畏懼！
既然是無止境的生命，我們就不被時間束縛，
我們擁有無限的時間，我們超脫了生死的幻相。
在每一個當下，我們活得自在快樂。
人們一向緊張不安，因為人們以為時間有限，生命短暫。
人們迷失在時間幻相中，被死亡陰影逼得快樂不起來。
然而，人生只是如同一場戲。
幾億萬年來，我們都以不同的角色，
在天界，在人間，在六道中，扮演著一幕一幕的戲劇。
我們的「真我」只是靜觀著，
祂不生也不死，不會衰老也不會受傷害，永遠安然自在。
祂只見證一切喜怒哀樂，祂沒有任何批判。
當你平靜下來，不像一般眾生那樣貪生怕死時，
你的無上智慧會逐漸顯露出來。
你會知道時間與空間都是不實際存在的，
所以，突破時間與空間的「想法」，
喚醒自己永恆的記憶吧！

第三部

永生的靈魂

## ❄ 兩個我

　　很小的時候，我就發現有兩個我。

　　在夢中，我總是在飛行，常常夢到自己半夜飛到星空中看地球，有時飛在黃沙遍野的沙漠，有時坐在火車頂上穿越山洞～居然毫髮無傷，有時站在峻嶺之巔，看著漫天的星辰，有時飛到風光明媚的地方，看到成群的鳳凰，它們身上柔軟閃亮的綠色羽毛，散發著高雅的氣質。

　　每當我飛回家裡，進入臥室之際，看見床上有另一個熟睡的自己，瞬間就能進入身體。我發現的兩個我，一個是半夜會飛出體外遊玩的靈體，一個是身體。

　　當我們的思維更單純更清淨時，常常可以感知自己的靈體。靈體可以自由進出身體，遨遊宇宙，或是回到靈界和靈魂弟兄們在一起，討論個人的課程，或是大家共同的課程。最容易感知的時間是在睡夢中，夢到自己離體出外，輕鬆飛翔。平時在生活中，也會感到很輕鬆，走路時感覺身輕如燕，健步如飛。

# ✳ 通靈者

　　我父親年輕時認識一個可以隨時隨地看到靈界的人，這個人在妻子去世時，因為過度悲傷竟然哭瞎了一隻眼睛，沒想到從此以後，他可以看到靈界眾生，聽說是靈界同情他的癡情，只好讓他可以隨時看到他已過世的妻子。

　　起先大家以為他想妻子想瘋了，因為他邊走路，邊打招呼，可是前方並無來人，不知道究竟他看到什麼，而且他常對著空氣講話，又不像自言自語。

　　有一天，村子裡有人去世，剛好抬棺經過他的身邊，他突然把耳朵貼到棺材上聽死者說話。然後，他轉頭傳達訊息給死者家屬，說是他在家中某塊磚頭下藏有一些錢。大家半信半疑的回家查看，真的找到錢了！從此他變成村人心目中的算命仙，因為他預告的未來一律應驗。

　　有一天，父親坐火車時與他同車，他忽然對著父親說：「你現在有五個女兒了！」

　　父親說：「不對，只有四個。」

　　他也不在意，還把五個女兒的來歷，脾氣，個性及特色，和未來的命運都介紹了！他並且安慰父親說：「你將會如願喜獲麟兒，不過那得等到你頭髮開始白的時候。」

父親回家以後告訴母親，去醫院檢查，才證實母親真的懷孕了，次年生下第五個女兒。又過了幾年，確實在父親開始有白髮時，總算得到盼望已久的兒子。

　　大多數人總是以為看不見的事物一定不存在，實際上靈界才是真實的世界呢！而我們都是來自於永恆的靈性。

# ✳ 預知時至

公公重病期間，我常為他送飯去醫院。有一天，他一反常態，神采奕奕的坐在病床上，很嚴肅的環顧著病房四周，說了幾次：「環境都變了！跟以前都不一樣了！」

我知道，他的神識已經接近中陰身狀態，偶而可以看見靈界了。其實，人在即將進入靈界之前，靈體已經逐漸脫離肉身，所以開始可以看到靈界。

他說：「今天換了這張床比較舒服，我也洗澡了。這個房間很暖，前幾天好冷。」我慶幸他在靈界的境界不錯，是乾淨舒適溫暖的。其實，自從入院以來，他的病房及病床一直沒有改變過。他一直喊冷，而且睡得不舒服。但是他現在看到、感覺到的是靈界的景象，所以，跟以前都不一樣了。

他又說：「從明天起不要再送飯來了！」一向無神論的婆婆以為他腦子混亂了，胡言亂語，叫我別理他。

我想今晚是他最後一夜了，我得趁半夜他身旁無人時，去提醒他如何面對靈界。要離開人世時，最好是跟隨發光的佛菩薩或天使走，才能往生光明的境界。（《西藏

生死書》已有詳細的說明，讀者可參考，本書不在此詳述。）

當夜我找他談話，他回顧了此生經歷的各種考驗，他恭喜我的修行方向是對的，他相當遺憾自己以前不知道要修行，我說：「您也盡力了！」他露出無奈的笑容。

第二天，我帶著全家去見他最後一面，這時他老人家已無法言語，比手勢要走了，婆婆大哭大叫，不肯讓他走。

公公一時心軟，就暫時沒走，當天夜裡趁著婆婆不在場時，公公還是悄悄的離開了人間。

我們在親人往生之際，切記：絕對不要哭叫！那是不利他們的行為，會拖延和阻礙親人往生善處。真正愛他們的方式有許多種，比如，可以為他們誦經，想著光和愛，送給他們，祝福他們隨著光明的佛菩薩或高靈往生善處！祝福他們進入另一個嶄新的生命旅程！……

# 生死有命

　　就在移民加拿大前，台北發生一次五級的大地震。當時我住三樓，覺得天搖地動，挺嚇人的！我跑到四樓找母親，想要安慰她。同時，小妹也從五樓跑下來找母親，我們都沒想到母親正很悠哉的在煮湯圓。妹妹看著大湯鍋說：「哇！這麼大的地震，湯圓竟然沒震出來啊！」母親說：「是啊！」

　　我說：「媽！房子搖成這樣妳不害怕嗎？」

　　媽媽平靜的說：「有什麼好怕的？生死都是注定的。我小時候台灣曾經發生一次大地震。那次，有個鄰居的小孩在放學回家的路上經過土地公廟，看見一群人大排長龍，他的親戚、朋友、鄰居以及許多陌生人都被捆綁著，排隊依序走進土地公廟。本來土地公廟是小小的，那時好像變大了。他看見自己的父母也在隊伍中，就大聲呼喊並且往土地公廟跑過去。那時土地公廟忽然變回原來的大小，那些人物都消失了。他有不祥之感，立即朝回家的路上奔跑。忽然間，大地開始搖晃震動，當他跑到家時，他家及附近的房子皆已崩塌，他之前看見的那些走進土地公廟的人們，都被壓死了。」

聽了這個故事以後，我對地震真的沒那麼怕了！反正，生死是注定的嘛！

# 執著的老母

　　我在多倫多市有一個無神論的朋友，前兩天突然來電，原來她那年齡近百，中風臥床約十年的老母，最近總是說著一些奇怪的話，她說她的床上睡了另外兩個人，一直在拿她的財物，所以她就一直罵那兩個人，每天晚上鬧得全家都睡不著，雞犬不寧的。

　　有時老太太還會一人扮演兩個角色。她會用莊嚴的口穩說：「我是觀世音菩薩，我來帶妳去轉世了！」接著，她又轉換為小女孩稚嫩的聲音，撒嬌的說：「我不走！我不要去，我的女兒和孫子們都對我很好，我要留下來讓她們照顧。」

　　觀世音菩薩的聲音更嚴肅的說：「妳已經讓全家人守著妳，照顧妳那麼久，他們有自己的功課要學習，妳一直在這裡會影響他們的學習，也浪費妳自己的時間，沒有成長。」接著，老太太又變成小女孩的聲音嬌滴滴的說：「不要，不要！我絕對不走，我要和他們在一起！」這時，菩薩的聲音又開始不斷的曉以大義……。

朋友問我怎麼辦？

　　我說，她的時間到了，菩薩來引領是很好的，將會往生善處，不會有任何痛苦，只是放下肉體就走！如果她一直執著在這個老朽枯乾，行動不便的軀殼裡，連大小便都要別人打理，自己也像個犯人一樣，每天臥病在床，哪裡也不能去，這樣多麼不自由啊！還不如換一個年輕活潑、健康有朝氣、充滿生命力的身體，再回到世間繼續學習成長，這樣記憶力好，學習力也強。

　　朋友問：「那兩個睡在我母親身邊的靈魂怎麼辦？」

　　我回答：「念地藏經迴向給他們，請對方原諒，請他們跟隨觀世音菩薩往生善處。」她立刻向我借《地藏菩薩本願經》回去念了。

# ❄ 執著的靈魂

　　我小學同學的姊姊大學畢業後，看破紅塵在北投山上一家寺院出家，她那個寺院放置著許多骨灰罐，有些似乎沒人祭拜，年代久遠，散發陣陣霉味。

　　有一天她看到太陽高照，一時心血來潮，就好心的把一些骨灰罐搬到屋外去曬。沒想到忽然變了天，一陣突然來的雷雨，她正要衝出大門去搶救那些骨灰罐，門口忽然擠進來許多日本人，男女、老少都有，每個人身上都淋得濕答答的，像落湯雞一般。奇怪的是，他們全都是古代日本和服的打扮。

　　她想，等會再招待他們吧！所以匆忙奪門而出，前後不到一分鐘的時間，當她抱著骨灰罐回到室內時，裡面居然靜悄悄的，空無一人。這個寺廟後面沒有門，這一大群人究竟到哪兒去了？她把每個骨灰罐擦乾之後，發現上面刻的全是日本人的名字，而且都是五、六十年前就託放在此處了，他們去世時的年齡，老少都有。

　　原來他們是已經死去多年卻放不下自己骨灰的靈魂。其實他們可以選擇投胎轉世，到世間來修行，卻仍守在骨灰罐附近。

有一個得證天眼通的修行人，走到墳地，看到一個老人的靈魂，坐在他自己的墓碑上哭泣。這個修行人問他：「您在哭什麼？」老人魂說：「我死了呀！」修行人說：「你的靈魂沒有死，你不是坐在這兒說話嗎？」老人仍不停的說：「明明就是死了！才會躺在下面的，不是嗎？」這修行人說不過他，只好離開了。

　　有些執著的靈魂會以為那過去的身體就是他本人，所以就不捨得離開自己的墓穴，死守在那兒，幾十年甚至幾百年，過著像孤魂野鬼的歲月，真是可憐！在有生之年不知修行，智慧不開，死後一樣過著無明的日子。要知道，肉身只是像衣服一樣，用壞之後要立即捨棄，不要執著一件舊衣服不放，應當尋找更美好的未來！

# ❋ 迷失的天人

　　有位擔任工程師的朋友，他親眼見證一個靈魂的故事，事情發生在他任職的工地。一次臨時電梯突然故障，掉了下來，不巧壓死一位工程人員，從此常常有工作人員撞見死者的魂魄在此遊蕩，嚇得許多工人不敢來工作。老闆請來多位法師超渡亡魂，但是效果不彰，還越鬧越凶。

　　有一天，終於請來了一位有道高僧，他到了現場後，對著電梯坑說：「王大得：你本是天上派來人間有任務必須去執行的人，你卻把使命忘得一乾二淨，成日做些偷工減料、要求回扣、貪得無厭的非法勾當，拿了不義之財，居然又在外花天酒地，包養女人，拋妻棄子於不顧，所以福報被你用盡，世壽被減短，死於非命。這是你咎由自取，如果你再不知悔改，怨天尤人，每日在工地裡興風作浪，嚇唬別人，你不怕再墮入更深的地獄嗎？」從此，再也沒有人看見鬼魂現身，工程總算順利建築完成！

　　名利是誘人的東西，然而君子愛財，應當取之有道。古人常說：「舉頭三尺有神明」、「人在做天在看」，這都是真實不虛的！

# 夢中的大餐

　　看到黃山谷轉世的故事，我想起很久以前，有個朋友告訴我：如果你夢到獨自吃一桌菜，那很可能是過去世的家人在幫你做忌日。

　　我想起我已經有好幾次夢見獨自一人在吃一大桌菜，桌上總有一條香噴噴的大鯉魚，和一大盤堆得像座小山的包子，及其他幾盤菜。

　　自從聽說和過去世的忌日有關，我就開始留意了，結果很巧，都在我生日前一天夢到吃大餐。最後一次夢到吃那桌飯是我二十九歲那年生日前一天。也許在那之後，連我前世的後人也轉世去啦！

　　有時，我想到前世的家人為我做了二十九年的忌日，那份耐心，那份愛，真令人感動啊！

　　可惜，我不知道他們在哪裡？不能去告訴他們，我現在過得很好！不要掛念，也不用做忌日啦！

# ❄ 借來的命盤

有些靈魂響應天意的號召來地球幫忙，他們的目的是來地球執行某些任務，幫助地球人成長，自己也在這過程中學習成長。但如果與地球人沒有任何緣分和因果關係，是無法來投胎的。有一種解決方法是，借用別人的因果關係來地球，因此，他們也必須同時承受別人部分的福報和業障。

有一次，我的兒子忽然生病，病得很厲害。發高燒，臉色發黑，能量似乎迅速的在消退。我看著他，很想救他。那夜夢中，我看見窗外有個老人在撿拾一些類似烏龜殼的東西，有老的殼，也有大的殼，忽然我發現我家門前有一個嫩嫩的小烏龜殼丟在地上，這個老人正要撿走，我忽然間意識到這是兒子的命盤。

我問兒子：「你為什麼丟了你的命盤？」
兒子說：「地球好無聊。」
我說：「你居然把向別人借來的命盤丟掉，你忘了投胎前的約定嗎？這是不守信用，太不應該了！」
兒子說：「好吧！」然後趕緊跑出去把命盤要回來。
我醒來時，孩子退燒了，好像能量都回來了，氣色也已回復正常。

# 靈魂的結合

　　我們在夢中有時會和其他的靈魂結合，有時我們夢見自己身穿結婚禮服與其他人結婚，那是我們在靈界與其他靈魂「結合」。靈魂的結合是神聖高雅的，我們在靈界遇到有共同理想，振動頻率相當的靈體，我們會覺得像是遇到知音，所以選擇與他們的「能量」合一。當許多靈魂結合在一起時，就成為更大的靈魂團體，擁有更多的力量和靈性資源。

　　比如，慈悲、喜歡照顧眾生的靈魂，可能會選擇加入觀世音菩薩的靈魂團體，一起聯手照顧眾生。觀世音菩薩的靈魂團體，在宇宙間有自己的辦公室，因為團員人數眾多，他們在宇宙中的據點形成相當龐大的辦公機構，大家連線在幫助別人。此外，多倫多市有一個修行團體的成員大都是來自宇宙的壽星～南極老人星。他們的長相接近南極仙翁，高廣的額頭和長長的下巴是他們的臉部特徵。這個團體的成員開了幾家素食餐館，也製作美味的素食品，造福了當地的素食者。我也認識一些來自王母娘娘、九天玄女、藥王菩薩，以及宇宙間其他高靈「靈魂團體」的朋友，無論他們是否憶起自己的宇宙來歷，大都持續精進和提升自己，積極幫助眾生靈性成長，並且執行提升地球的任務。

# 靈魂的團體

　　一個靈魂團體可能同時有許多成員一起下來投胎。每個靈魂來學習的課程不同，這些靈魂在地球上獲得的經驗、福報、功德，都可以在靈魂團裡與大家共同交流分享。但如果其中有人造了太多惡業，整個靈魂團體的人可能也需要幫他分擔一部分業障。

　　成員當中如果有一個人開始修行，靈魂團體的弟兄們會一起守護他、保護他，直到他證悟。因為他的證悟，會使整個靈魂團體與他同時提升。

　　領先開悟的那個人有可能會知道靈魂團隊彼此之間的關係，也會常常在物質界或靈界裡，與團隊成員分享他自己的修行心得與體驗。

　　然而，同時來投胎的其他成員，有可能一輩子都不知道彼此的存在與關係。當整個靈魂團體被提升時，雖然他們的頭腦並不知道自己內在的提升，但是他們會變得輕鬆快樂，很像開悟的眾生。

每個人有自己所屬的「靈魂團體」，當我們從內在發現自己的靈魂團體時，可能外在也開始遇到一些自己靈魂團體的成員。大家本來就有共同的理想，可以攜手合作，把已經獲得的經驗和了悟的真理與有緣人分享。

# ❄ 靈界醫療團

藥師佛是靈界最典型的醫療團體，藥師佛和他的十二藥叉大將，都是很有愛心的靈魂。若有人向藥師佛祈求幫助，或是持誦藥師經，藥師佛的團體會盡量伸出援手。

我女兒小學五年級時有嚴重氣喘，有一次她氣喘發作，我送她去醫院急救。當時她的臉都發黑了，不能自己行走，我硬是把她扛進醫院的病床上，然後急診室醫生立刻對她的喉嚨噴類固醇，她才可以正常呼吸。可是從此之後她必須隨時帶著類固醇噴劑，才能確保呼吸順暢。

我很擔心她的氣喘，有一天我陪她一起念《藥師琉璃光如來本願功德經》，當我們念到「亦復不為諸惡鬼神奪其精氣。設已奪者，還得如故，身心安樂。」這段，我們母女感到很疲倦，兩人都睡著了。夢中我聽到電鈴響，過去開門時，居然看到我女兒衝進門。我很驚訝，因為我的女兒剛剛一直睡在我身邊，我緊跟著看發生什麼事？她迅速的進入我那睡著女兒的肉體與她合成一體。醒來時，我知道我的女兒丟失的一個魂魄回來了，這是藥師佛團體為我們展現的奇蹟。

從那時起，女兒的身體逐漸好起來，她在十五歲開始吃素，從此沒有氣喘。她從出生就有的嚴重異位性皮膚炎漸漸好了，皮膚也逐漸變得光澤細緻。

# 楚門的世界

　　相信有些人看過電影「楚門的世界（*True Man*）」，片中男主角最後發現，白己整輩子是活在被一群人監控、拍攝的影城裡，他從生下來開始，就是一部電視劇裡的男主角。

　　其實我們每個人的一生與靈界的關係，和這部電影的劇情十分類似。在我們出生之前，已經與我們的指導靈們討論好，我們想要到人間學習和體驗哪些課程，一起擬訂好這一生的生命藍圖。

　　有些靈魂團體的成員為了支持我們的投胎成長計畫，也會與我們簽約，投生來扮演我們生命中的人物。有些人飾演我們的親人朋友，有些人飾演幫助我們的人，有些人飾演來考驗我們的人，以配合我們的修正和成長計畫。

　　有些留在靈界的靈魂團體成員，則願意成為我們的無形導師或護法，在我們需要幫助時，提醒和保護我們。我們不是宇宙的孤兒，也不是來到地球單打獨鬥的，我們是受到重重的保護和關愛的靈魂。我們確實受到監控，但這是為了愛和成長的原因所做的照顧。

# ✳ 靈界的排演

　　當一個人面臨提升之際，而且他的靈魂同意被提醒，在一些必要或特殊的情況下，靈界的弟兄們會安排一些情境考驗，幫助他的頭腦超越一些執著的想法或偏見。

　　有一次，我在靈界的一處廣場，看到一群人專注認真的在排演一齣戲。我好奇的在一旁猜測他們所演的情境和意義。然而，當我猜對時，他們就像洩了氣的汽球。那位導演說：「考題的答案被她猜中了，我們得換個主題。」我識趣的趕緊離開那裡，免得他們排演的主題若被我識破，還得重新安排角色和對話。從此我才明白，我們平時會遇到的一些情境考驗，或是機緣巧合，很可能是在靈界就已經排演過的，並非偶然。這些情境和對話，是即將發生在近期的事件。不久之後，我們在物質界，將會遇見這一群人，彼此間會有互動、交流和對話。他們所說出來的話語會點醒我們，也許是一句祝福、一個肯定、一句評論、甚至一聲喝叱，都是為了突破我們頭腦的框架或錯誤的思維。因為是經過事前排演的，所以沒有哪一句話是白費的對話，一切都是靈界精心安排的。也許，我們暫時不知道為什麼會遇到這些事，然而這都是靈界弟兄善意的安排，**目的是要幫助我們提升。**

# 靈界的照顧

　　大約四十幾歲時，有一天，我夢見自己的頭皮連著頭髮被掀開放在桌面上，頭皮中心剛生出幾根白髮，有幾位靈界的醫療人員看著我已被打開的頭部，正在討論我的腦部，需要更換哪些零件。好玩的是，我居然和他們一起專注的在看自己的頭部呢！

　　醒來後，我立即去化妝室，用兩個鏡子相互映照著看，查看自己頭頂中心的頭髮，確實看見已經發出幾根白髮了，此夢之前，我都沒發現，這應證了夢中的情節是真實的。

　　我先生在四十二歲時腿部痛風症狀很嚴重，有時甚至無法行走，他的雙眼也常常出血，但醫生束手無策。因為經常的劇痛，他自己覺得快要活不下去了。當時我們的兒子才五歲，我先生為了自己的生命以及家人的幸福，發願吃全素，並且開始學習打坐。

　　他持素修行一段時間後，有一天我夢見，我陪著他在一棟建築的中庭廣場裡排隊，前面早已大排長龍，入口處有檢查人員，必須擁有「持素修行身分證明」才能進入。終於輪到我們時，工作人員讓我先生躺下，然後動手挖出

他的雙眼，接著鋸斷雙腿，我嚇得大叫阻止。這時旁邊的人很客氣的對我說：「回去拿五百元來，買新的眼珠子和一雙腿。」

我是哭著醒來的，眼角還含著淚水。冷靜後想想，這個夢是訊息，提醒我，我先生必須備有捐五百元的功德，靈界才可以幫他更換眼睛和雙腿。所以我立即去捐了加幣五百元給慈善團體。從此以後，他的痛風症狀逐漸減輕，腿部回復了健康，眼睛也不再有內出血的狀況了。指導靈說，因為我先生幫修行團體運送物資，才有這樣的優惠。

許多年後，一位朋友突然從台灣打電話來，希望我幫他解夢。他夢見妻子的兩個卵巢被挖出來，擺在地上血淋淋的，他簡直嚇壞了。

我問他夢中是否看到價格。他說看到一張紙上只寫著「任捐」二字。我覺得上天好幽默，忍不住笑了起來。接著告訴他：「你隨意捐一個數目就好了！」

他的妻子患有紅斑性狼瘡很久了，靈界想幫她醫病，但她只需要一點布施功德就可以了，他趕緊捐了一大筆錢給慈善機構。之後，她太太的身體回復了健康。他們開始從事老人安養的慈善服務，指導靈說，**靈界知道她以後會幫助很多人**，所以先幫她療癒身體，讓她有足夠的體力服務眾生。

2002年佛州國際禪期間，我在靜坐當中看見，靈界正在幫我妹妹更換心輪部位的零件，幫助她擴展心輪。2003年起，她隨順天意開始主辦靈性成長的讀書會，過了兩年開始翻譯靈修書籍，持續至今。

　　我發現，我們的健康，有靈界在密切照顧。若我們平時專心修行，樂於助人，積累了足夠的功德，當身體上有某些問題，他們會幫我們更換一部分受損的部位、器官或肢體，讓我們在地球上可以更健康的生活、工作和助人。

　　我好奇的問指導靈，**哪些人有機會接受靈界的調整**？

指導靈傳達的訊息是：
吃全素、守五戒、專心修行（包括打坐、靜心）、
願意聆聽天意幫助別人者（有菩薩心、行菩薩道的人）。
服務眾生的功德足夠時，不必捐款，靈界也會主動調整。
自了漢、不願助人者，則是依照自己原訂的命運和大限。

# 動物靈轉生

　　擁有天眼通的人，大多知道有動物靈，也相信動物靈可以轉生人類。

　　我看過有人身上纏著許多蛇靈，那人說，從小他的長輩都會帶他去喝蛇湯。另一個案是因重病而坐在輪椅上。我看到他肩上有兩條很大隻的鰻魚靈，重重的壓著他，以致他無法站立。他說他爸爸以前養了兩大池的鰻魚。

　　一位同學的母親特別喜歡吃牛肉和狗肉，她的午餐便當裡常有牛肉或狗肉。當她母親癌末時，總是說有一群牛和狗凶猛的攻擊她，她的疼痛吃什麼止痛藥都沒有用，她慘叫的聲音傳到醫院外面很遠的地方，她的子女心痛不已。

　　中東有一個組織經常無緣無故處決人，而且是以砍頭的方式。朋友好奇問我，究竟這是什麼業障。我查看時，發現這個組織的人過去世曾是豬牛羊，被送進屠宰場的機器，以砍頭的方式屠殺的。這一世換他們投胎為人，以砍頭的方式處決與他們有因果關係的人。

## ✻ 靈體的樣貌

　　我看過不同靈體的樣貌。例：餓鬼道眾生的形象，有大大的肚皮，細長的脖子。有的人靈體有第三隻手在腋下，因為他會偷東西。有的人靈體長了大大的嘴巴，足足有正常人的兩倍大而且歪斜，看起來很恐怖，因為他到處說別人的閒話。

　　靈體是多變化的，當一個人充滿愛心或愉快的時候，靈體展現美麗的樣貌。充滿憤怒的時候，靈體會冒黑煙，汙染自己與旁人的磁場，而且容易吸引憤怒的靈魂侵入肉體。當一個人緊張或恐懼時，靈體冒出土黃色煙霧，使自己免疫系統功能下降，容易患病。

　　有些人因為情緒起伏太大，或動了許多念頭，一天之間，靈體顯現了六道的形象。（詳見：六道輪迴。）

# 墮胎和嬰靈

　　台灣有些法師主張墮胎的人必須為死去胎兒的靈魂超渡，另一些法師又說不必相信這些怪力亂神的事，我本來也不知究竟該聽誰的？但自從親自體驗以下的事件後，我知道胎兒靈魂的存在。

　　事情是這樣的，我有個朋友在她的母親過世之後，非常想知道她母親的去處。經人介紹基隆有個神壇，可以幫她和她母親的靈魂溝通。當天我先生開車帶我們去，一路上她不停的抱怨她的婚姻及事業，而且即將面臨破產！我告訴她錢不是拼命想賺就有的，必須有福報才有，而福報又是依據我們過去世的布施功德，及此生的布施多寡而定。所以此生應該多行善布施，才能福報源源不斷。

　　這時車上傳來陣陣嬰兒的哭聲，像是好幾個嬰兒不停的哭泣。我以為是車上錄音帶裡的聲音，忍不住問我先生：「你在哪兒錄這帶子的？怎麼在孩子哭這麼大聲的地方錄音，這歌還能聽嗎？吵死人了！」其實，我是不好意思讓朋友聽這樣難聽的錄音帶。可是，沒想到我先生立刻轉頭說：「有哭聲嗎？我怎麼沒聽到，何況這帶子是買來的，哪是我自己錄的！」朋友驚訝的說：「我也沒聽到嬰兒哭聲啊！」這時我忽然明白了，這些嬰兒的哭聲來自靈

界，所以他們兩人聽不見。

我問朋友說：「妳拿過孩子吧？」她說：「一共拿掉三個！」我問她為什麼不生呢？她說：「養一個就夠麻煩了！」我又問：「妳為何一再懷孕，然後一再的殺死自己的孩子？」她只能嘆口氣說：「都是不小心有的！」

到了廟裡，我們看到許多黑色的旗子，氣氛陰暗詭異，一位通靈人正被靈魂附身和家屬們談著死別的悲傷。我看了心裡直發毛，就不由自主的在心中念起佛號，沒想到這樣也不行。那靈魂立刻退出通靈人的身體，通靈人像瘋了一樣，對著我們大叫著他頭好痛，而且罵我一直念佛發光，弄得他那間陰廟太亮，死者靈魂都跑掉了，害得他不能繼續讓靈魂附身，於是把我們趕出來，所以朋友失望而歸。

其實我明白，是佛號的光芒力量使她們的法力失效，但是我可不是有心來鬧場的！我只是養成二十四小時念佛的習慣。朋友的運氣不好，事業失敗，全是墮胎果報，三個胎兒的靈魂一直跟著她，使她家運不好、身體也不好。

我有個遠房親戚，她兒子是婦產科醫生，時常有婦女要求拿掉孩子。有幾次她住兒子家，半夜走到開刀房附近，都會聽到一大群嬰兒的哭聲。問題是家中一個嬰兒也沒有，哪來的嬰兒哭聲？幾次下來，她苦苦勸告兒子，終

於使他兒子搬離那個房子，而且再也不做墮胎的生意了！

我也曾在一次大病初癒時發現懷孕了，其實我很喜歡孩子，當時已經有一個兩歲的女兒，但是我懷孕時因為生病吃了許多西藥，深怕胎兒畸形，所以忍痛去墮胎。沒想到從此以後每天頭昏嘔吐，像懷孕一樣。

有一位好友介紹我去三重一位老太太家，她自稱是為地藏王菩薩工作，不收任何費用。一見面，她就對我說：「有個小男孩跟著你！妳為何拿掉孩子？這孩子說他不會畸形，他本該來妳家出世修行，現在卻沒機會了，他又無處可去，只好住在妳家臥室一角，沒衣服穿，又冷又餓。他最羨慕妳的女兒，他稱呼妳的女兒姊姊，他說妳好疼姊姊，每天早上姊姊都有包子吃，他也好想吃。」我確實為了方便，每天早上買包子給女兒當早餐。我聽了很驚訝，竟然有一個小兒子躲在牆角挨餓受凍，感覺好心酸。

老太太祈請地藏菩薩引領這胎兒的靈魂去別處投胎，那孩子要求吃三種他一直想吃的食物，兩個包子、兩片餅乾、兩顆糖果，這樣他才願意走。在引領那天，我們夫妻準備了三大盤食物，來補償這個無緣的孩子，說也奇怪，從那天起我的病也不藥而癒了！

誰說胎兒沒有靈魂？

# ✳ 口業

　　有個鄰居經常在兄弟姐妹與子女間抱怨和說閒話，說得太過，以致親人間反目成仇，甚至老死不相往來。後來，大家終於發現是她的抱怨製造了矛盾和衝突，因此，漸漸避免與她往來。她年老後孤獨且多病，依然常常抱怨，覺得別人都對不起她，完全沒想過，這是自己造了太多口業的果報。

　　口出惡言時的負面能量，首先會燒傷到自己嘴部。至於口業的大小，還要看造成的損害有多大。有一位婆婆向朋友滔滔不絕的講媳婦的閒話，第二天她的嘴部就長了一大串的水泡，痛了許多天才好。有一位婦人，習慣批評別人，咒罵先生時也是口不擇言，後來被口腔癌折磨許多年。

　　有一位王小姐，經常對我們這群朋友說，張先生是一個喜新厭舊的男人，欺騙許多女人的情感。有一天清晨，我夢見張先生非常憤怒的在靈界控告王小姐詆毀他的人格。事隔沒幾天，王小姐開車時發生車禍，損失了七千元加幣，大約將近台幣二十萬元。雖然，張先生頭腦不知道詆毀的事情，但是他的靈魂知道。所以，在背後說人閒話或詆毀別人者，千萬不要以為對方不知道，對方的靈魂一

定會知道的。

撰寫此篇時，有一位親戚與我同步分享一個夢訊息：

「有人在網路上謾罵某家公司，導致那家公司財務嚴重受損，許多投資者遭受破產之苦。因此，該公司的老闆決定提告，要求將那人判處死刑。但當事人曾經為社會做過許多善事，所以他的朋友們一起去幫他向那老闆求情。代表陳情的一位朋友拿出厚厚一疊檔案文件，裡面記錄了當事人曾經做過的所有善事，開始向老闆勸說，希望他手下留情，放過那個人。」

這個訊息提醒了我們，在這個網路及媒體發達的時代，有些人往往隨意公開的批評、指責、謾罵、或散播各種謠言或負面消息，影響的範圍非常廣，延燒的速度非常快，所造成的口業真是難以計算。

這個訊息也讓我們了解，即便是在物質界發生的事件，尚在人間的老闆可以在靈界控告討回公道，而造口業的人差點被靈界判處死刑，幸而，當事人平時做了許多善事，才撿回一條命，真的要小心禍從口出啊！

年輕時，我深怕自己在身口意不清淨時不自覺的犯錯，所以與神明約定，如果我做錯什麼，說錯什麼，或想錯什麼，請敲一下我的頭以示警告。

一九九五年八月，我先生的同學將我們合夥的工程款兩百萬元捲款而走，並逃往大陸。得知這消息時，我既緊張又生氣的在心中咒罵他，才剛罵完的瞬間，頭頂中心被櫃子上面掉下來的針線盒重重的敲了一下，好痛啊！那大概是我最後一次詛咒別人。我發現，就算是我們的頭腦認為別人做了對不起我們的事情時，也不能造口業。一來，有損自己的口德。二來，我們不一定知道事情背後的因果關係。

離題一下，因為損失了那兩百萬元，家庭經濟頓時出現危機。起先全家都很震驚，接著，全家總動員一起想辦法：「爸爸努力兼差、媽媽努力畫油畫賺錢、減少帶弟弟外出玩以降低消費支出。…」後來，女兒主動省下中午在學校吃飯的錢，存足了五百元給我。我不忍心收她辛苦存下的錢，她卻偷偷塞在錢包裡，看到女兒這麼善良的一面，讓我這當媽媽的，既高興又感動。那次她的聯考總分比在校模擬考多了五十分，順利進入公立高中。那工程款事件表面上像是損失，但實質上，得失之間很難衡量啊！

開始修行以後，守五戒是「戒定慧」～通往智慧源頭旅程的開端。五戒中有一項是妄語戒，不打妄語正是在修口德。我們說話時要選擇說正面的，才會產生正能量，並且提升我們的振動頻率。修行若想要進步，想要超凡入聖，口德是必須修好的基本功。還有，我們的每一個思言行靈界都看得很清楚，而且隨時在打分數喔！

此外，念經若要有功德必須淨口，淨口不只是茹素，茹素只是吃齋。淨口必須沒有惡口、兩舌、綺語、妄言。我們經常會聽到有人說：「吃齋的人，怎麼還這樣說話？⋯⋯」人們對於修行人會採用更嚴格的標準來看待，所以，為了保護人們對於修行的信心，我們要更謹慎修持口德才是。

　　當我們修行成長到某個階段以後，上天會開始安排有緣人來到我們面前，與我們切磋交流，一起學習成長。當我們有機會幫助別人成長時，第一個要遵守的天律，就是「不揭發他人的隱私」。因為對方基於信任，為了解決難題，通常會把私事告訴我們。如果，把別人隱私說出去，還沒幫到人，就先害了人，那是嚴重違反了天律。因此，天意怎敢再透過這個管道傳達訊息呢？可能從此無法再查到相關的訊息檔案，喪失了幫靈界工作的機會，甚至，還造了口業。所以，一定要小心遵守「不揭發他人的隱私」的戒律！

　　有句古老的真理：「除非舌頭失去傷害的力量，否則它永遠無法說出靈性的真理。」我們要學會「**管好自己的舌頭**」<sup>（註）</sup>，不再用言語傷人，我們的喉輪能量才會和諧美麗，真理才能從我們的口中流露出來，當我們開口說話時，就像蓮花綻放，那是多麼美好的境界啊！在此提出來與大家共勉之！

註：詳見赫萊瑞恩系列《靈性的季節》中文版P.71～72。

# ✿ 共業

　　我先生平時很喜歡看有關戰鬥機的電影。有一次我夢見「有一群日軍戰鬥機的飛行員，我先生是其中一員，他們的任務是開飛機去轟炸別國的土地、炸毀別人的家園。（這群戰鬥機的飛行員，這一世都住在我家附近，平時我們見面都會彼此打招呼，是熟悉的好鄰居。）接著的場景是有飛機來轟炸我們，鄰居的房子被擊中引起大火，我家也被蔓延的火舌燒到屋頂了，這時消防隊員用水一直灌到我家屋頂，我家的牆壁和地板全是水，我想這下完了，房子全毀了。」醒來之後，心裡為那些非常真實的畫面感到有些忐忑不安。

　　過幾天，參加聚會時，Arthur忽然對我說：「如果發生火災時，記得要祈禱！」我立即想起那個夢，心裡毛毛的，覺得老師為何要說不吉利的話？

　　又過了幾天，距離我家十幾戶的房子著火了，火勢非常猛烈，一間一間延燒過來，五部消防車都無法控制，消防隊員緊急來按鈴叩門，叫我們立刻疏散，不可留在家中。

我忽然想起*Arthur*所說的話，即刻就找先生、女兒、兒子，四個人在一樓客廳做一個短暫的祈禱。我在祈禱時看到在那熊熊烈火中，原本著火的屋頂上有一些地獄爬上來的靈體，接著看見，從天而降一股冰寒之氣，把他們壓到地底去了，強大的烈火逐漸被冰冷寒氣熄滅了。

　　祈禱完走出家門，發現火勢已經逐漸被控制住了。夢境裡是延燒到我家，但實際火災只燒了五家，我們這後面十家都倖免於難。我知道這是祈禱的力量，使我們安然度過這個業障。因為這些鄰居前世都是轟炸機的隊員，炸毀許多人的家園，所以這是大家前世的共業引起的災難。感謝我的導師在事前的提醒！讓我們透過祈禱和恩典的力量，保全了這一世的身家財產。

　　再舉另一個共業的例子，幾年前，某國工黨舉辦夏令營培訓下一代的政治領袖，許多中學派出傑出的學生參加，這些學生成績都相當優異，可是卻被一名假警察將他們集中起來，然後開機關槍掃射，死亡人數將近七十人。朋友看了這消息很難過，請我查查看是什麼因果。

　　查得訊息是：這些罹難者在納粹德國時代，都是希特勒的手下，專門在集中營裡射殺無辜的猶太人，因此，這一世，他們也要體驗被集中起來屠殺的感受。

# 慎選行業

　　我女兒就讀高中時，為了幫父母減輕家計，一直都很勤勞打工。有一次，她想找餐飲業的工作，我說，葷食餐廳、有賣肉類產品的公司我們都不要去做，會有共業。賺錢要選擇不殺生的、不會傷害眾生的行業，殺生的錢是存不住的，還會惹來業障、疾病或殺身之禍。

　　她很傷心的說：「那樣一定找不到工作啦！」
　　我說：「一定會找到的，上天會幫助你的！」
　　隔了幾天，她找到一個醫生診所的前台工作，後來，又找到一個在學校圖書館的兼職工作，薪水都挺好，大學學費就有著落了。此外，她去生命線當義工，通常當義工是沒有收入的，可是她招募和訓練員工績效非常好，而且盡心盡力幫助了許多人，所以榮獲年度的最高工作獎金五百元。

　　事實上，**拿人錢財與人消災**，不明白的人才敢不慎選行業，或不擇手段去賺錢，或貪求別人的錢財。如果知道要血淋淋的替「金主」去生病開刀或承受業障，不知道誰還有勇氣騙別人的錢？！

## 不義之財

　　不義之財不能取。不義是指：不應該得到的。拿了不義之財，往往有難以想像的災難，古今中外都有許多實例。我們也常聽說「拿人錢財與人消災」，從別人那裡拿了不應該拿的錢財，必須幫對方承擔業障。所以，千萬別貪人錢財！別短視近利，要小心長期的因果業力！

　　2007年，妹妹受託去法院幫客戶說明財務報表，受託前，她接收到相當清楚的**夢訊息**，因此過程中都與我保持聯繫，隨時請教指導靈，希望在處理上能真正公平合理。這個個案，是**不義之財**以及**冤冤相報**的典型案例。

　　前來委託的是一個投資公司的小股東，他認為大股東侵占私吞，希望透過財務報表，能證明侵占的金額，之前已經打了十年官司，還沒有贏得訴訟，他非常不甘願。

　　**指導靈訊息如下：**
　　「前世，他們是兩名大將結拜為兄弟，駐守邊防。因為被部屬出賣，誤以為戰敗，所以兄長決定棄官而逃。他將政府所撥的盤纏大部分捲款而走，只留下一點給乾弟，僅僅讓他足以維生，所以乾弟覺得被兄長出賣了，懷恨終生。但兄長由於取得不義之財，短命而終。

今生兩人又成為股東一起投資事業。但**角色翻轉**，乾弟成為大股東，兄長成為小股東。乾弟想討回公道，然而，前世兩人所爭的錢財是**公款**，皆非兩人應得的，是**不義之財**，所以兩人皆種下惡業。今生兩人雖然費盡心機爭錢奪利，但都沒有福報可獲得所爭的錢。

兄長此世本應受短命報，**但因錢財被侵佔，由侵占人承擔惡業**，所以得以**消災延壽**。乾弟此世貪得無厭，但是不知守財，隨意揮霍，外強中乾，並無實質財力。

這場官司若兄長贏，乾弟也拿不出錢，空有贏得官司之名，而無實質財產利益。兄長到死也拿不到錢。因此，這場官司繼續下去只會兩敗俱傷，贏得官司者，取得「短命報」。

雙方官司纏訟，心懷怨恨，不得安寧。十年光陰耗費在爭錢奪利，試問此生還有多少日子？奉勸珍惜生命光陰，千萬不要再浪費生命在討債和爭錢奪利。

消除業障的方法：**懺悔、念誦地藏經迴向對方**，將惡因惡果轉變為菩提智慧，**原諒對方此世所做的錯事，原諒自己過去世所做的錯事，多做善事，多積功德**。過去的讓它過去，生命短暫，要多珍惜！」

# ❋ 孤獨的果報

　　有一位朋友，離婚之後，悲傷的去請教一位法師，這位法師能通曉過去未來，他告訴我的朋友：「這是因果報應，你過去世是個男人，常常無故虐待妻子，不但毆打她，傷害她的心靈，最後還拋棄了她。你此生的丈夫正是你過去世的妻子，你曾欠他，所以必須賺錢養他，還要遭到他的虐待及拋棄，因為過去不珍惜身邊的人，所以得到孤獨的果報！」

　　正如法師所說的，我的朋友過去確實常遭丈夫虐待。因此，她相信這是過去世的作為所造的業障，現在她持素念經精進修行，希望透過修行，改變此生及未來的命運。

# 殺生的果報

　　廣欽老和尚在世之時，常常盤腿坐在殿堂上，大批信徒都排隊膜拜。有一天，一位手裡抱著嬰兒的男士走到老和尚跟前，請求幫助。老和尚說：「你做的是什麼事業？」男子說：「冷凍雞工廠。」老和尚說：「這孩子是醉雞轉世的，渾身軟若無骨。」男子說：「對！醫生說這是軟骨症。」老和尚說：「你可不可以另外換個不殺生的工作？」男子說：「可是我所有的家產兩千萬，都已經投資下去了，如果不做我就破產了！」老和尚說：「繼續做的話，下一胎是個女兒，還是這種病啦！」

　　另一位男子來朝拜老和尚。老和尚說：「你的職業要趕緊換了！不然就要沒命了！」原來此人的職業是賣蛇肉的，他回家後前思後想，寧可相信老和尚的話，也真心打算洗手不幹了。但家中還剩一條響尾蛇，他想，這次殺完以後就不再殺生了！於是動手去抓蛇，卻不幸的被那條蛇給咬死了。其實他殺蛇無數，從未失手，如果他當下聽老和尚的話，戒殺、放生就不會落得如此下場了。

## 畜生的果報

　　以前有一戶人家，居住在深山僻靜之處，他的鄰居有一次在通往他家的路上，看到一男三女穿著華麗、舉止輕挑，感覺不是正派的人，正結伴往他家走去，鄰居十分好奇，一路跟著觀看，眼見這群陌生人，走進這戶人家。

　　好奇的鄰居趕緊跟進去，奇怪的是屋裡空無一人，於是鄰居喊出了主人問道：「你家剛進來的四個客人呢？」主人驚訝的說：「哪有什麼客人？我家的母豬剛生了四隻小豬，我正忙著接生，哪裡有四個人？」

　　那四個人怎會在剎那間消失了蹤影？鄰居很驚訝的去查看，那四隻剛出生的小豬，居然正好是一隻公的三隻母的，鄰居訝異得說不出話來，他想起剛才那些人走路像是飄飄的，異於常人。

　　不務正業的果報是相當可怕的，好好的四個人的魂魄居然投生豬腹，做人能不謹言慎行嗎？

# 縱欲的果報

　　有一次我的鄰居請來一位道士，有能力讓人去陰間探望去世的親人，俗稱「觀落陰」。那位鄰居想去看他剛過世的母親，但因為這門派對於生肖有限制，無奈之餘，只好讓最小的八歲兒子去觀看。孩子眼睛被蒙了黑布，在道士的作法下，似乎真的看到陰間的景象，他開始描述眼前發生的事物。

　　他說，他看到地獄的入口，有火紅的火焰燃燒著，當他走到一個巨大的建築裡，看見許多人被綁在燒得通紅的鐵柱上，皮肉都燒焦了，非常痛苦。當中他看見一位剛過世不久的鄰居大嬸，這孩子就好奇的問旁邊的獄卒道：「阿嬸是好人，為什麼要這樣待她？」獄卒答：「這女人在人間時，丈夫去世之後，偷偷和鄰居丈夫有染，所以遭此果報。」這事讓人心驚，因為在場的人都知道，這位美麗的大嬸生前待人和善客氣，溫文有禮，很得眾望。卻因為丈夫早死，為解孤獨寂寞，與別人的丈夫偷情，竟遭此慘酷的地獄果報。

　　陰間的律法森嚴，我們在人間時要小心，切勿縱情縱欲，否則臨命終時，地獄業報現前，那時後悔已太遲。

# 小計謀也有業障

　　心地必須光明善良，這是我頭一次與朋友去問神的心得。記得那日輪到我時，那位修道人對我十分客氣，誇獎我心地慈善，將有後福。我還以為他習慣恭維每一個上門的客人，但是輪到我後面那位同學時，他竟然以很嚴厲的口氣說：「妳總是算計別人，怎麼能心安理得？妳若不改，一生命運會很慘，小心哪！妳走路都可能跌進水溝裡，夜路走多了會碰到鬼的！」

　　我驚訝的回想起，這位同學最喜歡在考試的前幾天，去租一大疊故事書，免費借給同學們看，目的是讓大家沒空溫習功課，這是我們一群受害同學在幾次大考之後研究出她的用心。像這樣小的計謀都能被神明看穿，人還是善良一點為妙！許多年後，這位朋友的命運真的是全班同學中最不如意的！

# ❀ 布施的功德

　　我剛結婚的時候收入非常少，我的佛學啟蒙老師黃信安居士告訴我：「想脫離貧困，必須布施。」我說：「我的錢少得每個月都不夠用了，還談什麼布施呢？」黃居士說：「布施不一定要許多錢，一點誠心罷了。送給乞丐三、五元都是布施。倒一杯水讓人解渴，也是結善緣。微笑也是不必花錢的布施。念佛的功德迴向給眾生是布施。講佛法給眾生聽，是法布施。布施以印經功德最大，因為看經典可以讓人開智慧，成就佛道。所以印經功德第一，但是功德必須先迴向給眾生成就佛道之後，再迴向給自己。希望在此生能衣食具足，還能有足夠的時間，修持禪定，將來得證佛果。千萬別要求人世間的財富，否則下一世無法跳脫三界必須回來享受那些福報，萬一又造惡業，墮入六道輪迴，苦難無期，得不償失。」

　　聽了黃老師的開示，我把僅存的一點錢委託書店，印了一些經典與人結緣。奇妙的是，從那時起，我的經濟就逐漸好轉了！

# 印經的功德

　　我有一個朋友，開了一家茶藝館，因為生意不是很好，竟然到一家陰神的廟，求了一隻黑旗回來，供奉在店裡，據說若是有了這五鬼運財旗子，每到黃昏，她只要燒冥紙，五鬼自然會幫忙拉客人，進來茶藝館消費。我是不敢苟同，總覺得有點邪門，恐怕她會造業障。有一天我告訴她印經功德無量，更容易有大福報，所以她就託我去幫她印了五百本佛經，印好當天印刷廠直接把書送到她的店裡。沒想到隔沒幾天，她打電話對我抱怨：「都是妳說印經功德多好，自從那天佛經送到我店裡之後，我們的生意竟一落千丈，每日門可羅雀，我只好回黑旗廟去查問，誰知道五鬼說他們再也不敢來我店裡，因為我店裡突然來了五百位觀世音菩薩，太亮了，他們只好落荒而逃。」

　　原來這五百本佛經是觀世音菩薩普門品，封面都有一尊觀世音菩薩聖像，我從來就不知道紙印的菩薩，竟然有如此神祕的力量，真是不可思議。我這位朋友後來把茶藝館收了，另謀職業。但不久之後，她改信佛教，修行精進、虔誠，沒多久就找到真正的明師，從此走在無上的正道。經書裡的佛智慧可以幫助閱讀者開悟，所以助印經書者也容易開悟，我們幫助別人什麼，自己就會得到什麼。

# 念佛的功德

念佛號時，就與佛的能量場共振連結，佛菩薩會幫助我們調整頻率、穩定能量。佛菩薩就像是能為我們補充能量磁場的「靈性贊助者」～這概念引用自《神遊時空》。

念佛號有無數的功德，除了淨化思維、修得禪定外，還會產生能量「光」和「功德力」，可以超渡許多冤親債主，也可以累積功德幫助自己的親人消除業障。我們可以善用各種時間念佛，無論是坐車、走路、洗碗、做飯時或睡覺前都可以。如果能念佛念到「一心不亂」，會得到不可思議的功德。我有一位朋友十八歲開始修行和念佛，他在臨終前坐著念佛號，直到佛來接引他時，保持打坐姿勢，含笑而去。

還有一位朋友也是往生西方，她臨終時，自己專心念佛號，朋友們也為她助念，忽然間，佛放大金身來接引她！旁邊六位朋友，都同時看見巨大的佛身，金光晃耀阿彌陀佛親自來接引，整個醫院的病房中金光閃爍，無法用言語形容的莊嚴輝煌。佛手中拋出一朵蓮花，拋到她跟前時，像車輪一樣巨大。她的靈體就從頭頂出來，坐上蓮花隨著佛和八大菩薩，一起騰空而去。

# 福報的杯子

　　我二十歲時，黃老師告訴我：「福報像個杯子，如果杯子滿了，水會自動流走。**但是布施能提升福報的杯子，布施越多，杯子就更換為更大的，更好的。**」

　　老師舉了一個例子，有一次他搭火車時，一個人在車外伸手跟他乞討，老師想遞給他一枚銅板，由於火車已經啟動，那人沒接到，銅板居然掉進地下水溝，那是加蓋的水溝，所以這一位乞討者，沒有得到那枚銅板的福報，這是他的福報不夠，所以即使你想給他，他都得不到。

　　我相信這個增加福報的概念。每當我發現金錢開始以各種不同的方式流失時，我就趕緊去布施了，這樣才能加大我福報杯子的尺碼。根據多年的體驗，布施的奇蹟多到說不完。簡而言之，可以使運氣變好、身體健康轉佳、小孩學業變好、家人獲得高薪的工作、或是得到意想不到的收穫，此外，還可以廣結善緣喔！

# 善心種福田

　　我的外曾祖父是個殷實的鄉村農人，他心地慈善，每次看到路人爬山涉水經過附近山崗時，總是累得口乾舌燥的。所以他建了一間小涼亭在路邊，並買了一個大水壺，每天裝滿白開水，供趕路的過客，坐下來歇歇腿喝杯水。

　　細心的他，因為憐惜路上沒鞋穿的孩子，還特地用布縫了一個袋子，每天出門時，帶在身上，沿路把釘子及玻璃屑，裝進袋中，免得光著腳丫子的孩子們，踩著了會受傷流血。他還曾經收留一家窮人，讓他們住在一間閒置的房子裡，甚至把自己的農田分出一塊，讓他們去耕作，自力更生。

　　他自己一生克勤克儉，對待他人及兒孫，卻是寬厚仁慈，在他六十歲生日時，忽然得了急病，一日之內就與世長辭，很奇怪的是，他剛過世之時，兒子們去市場買棺材，棺材店老闆，完全不信的說：「別開玩笑了！我剛才親眼看見他從對面理髮店走出來，又走進前面的廟裡！」兒子們好奇的跑去問理髮店的老闆，那老闆確定，剛才他老人家確實活生生的在理髮，當時頭也是暖的，一點也不像剛死去的人。連外面一堆熟人，都親眼看見他穿著一身白衣白褲，很清爽自在的，走進廟裡去，他去世時，確實

穿著一身白衣褲，但是廟裡卻找不著他的蹤影！

許多年後，我母親居然夢見自己飛到一處百花盛開的山谷，在一個山洞中，坐著白髮紅顏的外曾祖父，他坐在一朵蓮花上，笑著對我母親說：「傻孩子！妳的福報就要來了！」那一年我父親考取政府高等考試，職位和薪資都調升，從此我家的經濟逐漸改善。

有一次母親與二阿姨在談天時，無意中談起這個夢境，二阿姨很驚訝的說：「怎麼和我的夢一模一樣？那山洞種滿奇花異草，尤其是各種蘭花布滿洞外，美不勝收。我也是每次都夢見飛著去見他老人家，也是看見他坐在蓮花上！」母親和二阿姨，後來都是虔誠茹素的佛弟子，修行十分精進。

我的大舅舅年輕時在學校教書，有一天走路回家時，經過一條簡陋的木橋，發現橋面少了三條長木。那時一個失明的老人家，左手拿著枴杖，右手提著林投葉，走過那危險的木橋，枴杖插進洞口時，整個人差點兒就跌下去，舅舅目睹時嚇得冒了一身冷汗。平常他經過那條橋時，總以為每個人都看得見，少三條木頭無所謂。這回為了失明老人的安全，他立刻買了三條長約五呎，寬約一呎的木板，找朋友幫忙扛到木橋上，補釘上去。

正當他很專心的在釘著木板時，有一個路人，笑著對他說：「老師啊！您在造橋鋪路啊！我看你快生兒子了！」雖是一句玩笑似的祝福，但不到兩個月，他的妻子懷孕了，後來出生時，真的是兒子。這孩子非常優秀而且孝順，舅舅晚年主要都是靠著這個兒子養老享福呢！

　　此外，舅舅的長女和次女都是長年茹素修行的居士，次女在南非事業有成，還開設了一個道場，服務當地的有緣人。由此可見，善心必有善報，積善之家必有餘慶！

# 節儉能增壽

　　我的祖父一生節儉，食量也少，平日每頓頂多一碗的飯量。他八十五歲那年病重，家母替他去問神，神明指示：「這個人平日省吃儉用，愛惜五穀，今年本該壽終，但他剩餘三年的食祿尚未吃完，所以還能再多活三年！」說也奇怪，這場疾病慢慢有了起色，祖父果真病癒，又活了三年才往生，真是應驗了神明的指示！

　　家母有個多年老友，每餐食量驚人，常常一人吃下一大鍋飯，但是身體一向不好，四、五十歲就嚴重氣喘，成日喘不停，非常痛苦。有一年病重時，家人替他去求神，但神明指示：「這女人已將一生食祿吃光，所以得提早走了！」隔沒多少日子，她就藥石罔效，無奈的離開人世！

　　我也認識一位朋友，他本來十分富有，但奢侈浪費，吃喝無度。到了五十多歲時，居然倒了朋友壹仟多萬元的會，以為可以安度晚年，沒想到才一個多月，一向體態健壯的他，突然中風，臥床不起！

人一生的福報有多少通常是有定數的，主要是與前世布施及善行的多寡相關。如果有人自以為家財萬貫，就胡亂浪費五穀，尤其是食物白白糟蹋，或很新的衣服、完好的家具，就嫌舊丟棄換新，這樣的人是在隨手丟棄自己的福報，一旦福報用完，就得過苦日子了。

　　有些人以為自己身懷壹億元，就有福報壹億元。其實那壹億元中，說不定只有壹仟萬元，是他一生中真正可使用的福報，但是他並不知道，硬是在短期內用光了福報。如果這人又一毛不拔，不曾布施，那麼福報享盡之後，會突然破產、變窮、或去世。所以，奉勸大家，節約用度，平時記得常常布施累積福德。

# 慈悲得善終

　　有一天我打電話給台北的母親，她興奮的告訴我一個好消息，原來是我的一個叔公剛剛過世，家人卻很替他高興，因為他老人家活到九十二歲了，一向健康活動自如，老妻也九十一歲了。他是一生不曾罵人的長者，為人慈悲溫和，他要走的那天，一點也看不出病徵，只是邀請所有的兒孫到家中吃飯，他高高興興的吃飽了，接著穿上一套平日最愛穿的衣服，然後走到廳前，對每一位兒孫打招呼之後，他說：「各位這世就到此再見了！外面許多穿紅衣服的，要迎接我回去了，不用替我辦喪事，不用披麻帶孝，應該像辦喜事一樣處理！」說完，就安詳的與世長辭了。

　　兒孫們驚訝之餘，也非常欣慰他老人家的自在生死和遊戲人間。這是西元2002年，在台灣發生的真人真事！

# 和順得善終

　　鄰居有位老太太，一向溫和善良，對待兒孫媳婦都是和顏悅色，而且很會幫忙家務，照顧孫輩，人前人後沒有半句怨言，誰也沒看過她生氣的樣子，雖然沒參加什麼宗教，修什麼行，但是她的一舉一動，就是那樣安詳自在、與世無爭。在她接近八十歲時，有一天她拜託媳婦幫她買了一件新草蓆，並且買了一套白色棉布衣褲，然後她囑咐兒子通知所有的家人回家，她說她要出遠門，大家都很奇怪，以為她要去旅行，所以都回來看她。

　　那天早上她洗了澡，換上了新衣服，坐在草蓆上，等所有親人到齊了，她平靜的說：「我今天要走了，等一下，會有許多人，來接我去一個很好的地方！」說完，她頭靠著兒子肩膀，就微笑著仙逝了。親人們聽到屋外隱約傳來鑼鼓的奏樂聲，應該是迎接她的隊伍吧！

　　因為她身心清靜，病苦對她而言，似乎是不存在的。我想：每一個念頭都乾淨的人，天生與病無緣吧！

# ✳ 神聖的任務

有位朋友是土木技師在工程顧問公司服務，專門負責承攬處理工業廢料工程。他總覺得事業上沒有突破，有一天他去請教一位已證神通的居士，這位居士對他說：「你本是天神轉世的，有重要任務在身，你所負責丟棄的有毒工業廢料，關係許多人的性命，要認真去完成，才不會辜負使命！」

本來這位朋友覺得丟棄廢料，是沒有成就感的工作，沒想到居然是重大的任務。他聽了之後非常努力的尋找到合適的地點，終於在某偏遠無人之處，買到一處適當的土地，小心翼翼的放置那批工業廢料，完成使命。

千萬不要看輕自己的工作，去了解它利益眾生的層面和價值，然後用心完成自己份內的工作，就是功德一件。

# ☀ 愛惜公物是惜福

　　有一位女士，每次去公共游泳池，沖澡都開最強的水，嘩啦啦沖水一個多小時之久。管理員提醒她，但是她卻依然故我，想沖多久就沖多久，絲毫不珍惜公共的資源。

　　她有一棟房屋出租，三十年來每月的水費都高到驚人，她老是抱怨房客亂用水。她跟我訴苦後，我猜想她家可能有地方在漏水。後來水電人員查出原因，是她家地下室一個久未使用的廁所在漏水，平均一個月大約流掉台幣一萬多元。濫用公家的水，結果自家的水也莫名的被耗用，宇宙的因果律，似乎悄悄的在運作。

　　有些人以為公共的資源就不必節省，我們使用公廁時，常會發現有人用完水龍頭不會去關緊，其實，白白流掉的水正是在損耗自己用水的福報，而且浪費水資源的人，將來還可能會有缺水、或生長在沙漠國家無水可用的果報。奉勸大家當用才用，以免流失自己的福報，或造了未來的惡報。

# 累積功德的方法

　　服務是累積功德的方法之一。重點在於：帶著愛心，以及付出不求回報的心服務。如果一邊服務一邊生氣，功德很少，甚至於有業障。

　　服務的方式有許多，在這裡舉一些簡單的例子：
　　在家中，以愛心洗碗、洗衣、燒飯，照顧配偶、幼兒、父母、公婆或親人朋友，幫家人理髮、洗澡、整理家務等等。

　　在工作中，在社區中，在大環境中，視情況的需要，都可以為人們服務。比如以愛心幫助人們靈性成長，教導他人學習讀書、繪畫、插花、園藝、烹飪、文學、藝術、音樂、舞蹈或其他自己擅長的項目等。或當環保義工，為大眾服務，或為老人院、孤兒院、或食物銀行服務。

　　不要小看這些零零碎碎的服務，每一次的服務靈界都有計分的，都有累計功德。這些服務功德，可以為自己或家人朋友減輕業障、延長壽命、增加福報。人生只有短短幾十年，如果無所事事，時間也很快就過去了。把握珍貴的時間服務，因為在服務過程中，很容易放下我執，發展無條件的愛心。

# 第五部

## 居家修行

### 修行篇

# ✳ 敦促

　　一位朋友面臨親人病危，向我詢問有沒有解決之道。
指導靈透過我傳達給他的訊息如下：

　　**生死無常**，時間越來越急迫了！
　　你的親人因為執著於名利，沒有專心修行，
　　所以大限一到就得離開，完全沒有延壽的機會。

　　在地球上，這個肉身短暫無常，
　　而財富就像空花水月一般虛幻，
　　就算你玩遍天涯海角，你的心依然失落，
　　不要再讓心隨波逐流，一世又一世輪迴生死。
　　修行並沒有要你放下任何世俗的財物，
　　只是讓你學習，不執著世間一切虛幻不實的境界，
　　修行只是讓你明白，
　　還有一個真實和永恆的世界存在。

　　淨化你的身體、情感、和思想，
　　在深入的禪定中，找回自己榮耀的真實身分，
　　那時你會發現自己非常富有，從來不缺少什麼，
　　你會活得真正自在和喜悅！

# ◈ 修身

　　修身養性是逐漸沉澱、安靜、收心、內斂的過程，平常就要讓自己生活簡單，練習每個思維的靜定，有機會獨處時，多閱讀靈性的書籍，交友要審慎，選擇思想單純、善良、靈性高、積極有愛心的善知識。和他們在一起時很容易就學習到他們的優點，感染他們高雅的氣質，平和、溫柔、敦厚、正直的氛圍。

　　打坐如何向內集中？許多修行人長期打坐卻不得要領，意念紛飛，一些人事物的片段干擾身心，靜不下來，或是只能靜一點，不能更進一步進入禪定。

　　平時要注意自己的心理是否處於平衡的狀態？因為，所有的混亂來自內心深處的不平衡。

　　如果能修正到身口意都清淨時，打坐就能自然的提升品質。打坐是征服自己的過程。

# ❋ 六度

「六度」是六種法門，為菩薩道必修科目。
行六度可以從生死苦海渡脫到涅槃安樂彼岸。

## 布施

分享自身所擁有的或所知道的給需要的人。
財布施、法布施（分享真理）、無畏布施（消除恐懼），
可長養慈悲心，除去五毒中的「貪」。

## 持戒

遵守佛法不作諸惡，奉行一切善，
廣修善法利益眾生。
基本的戒律是守五戒：
不殺生、不偷盜、不邪淫、不妄語、不飲酒或吃迷幻藥。

## 忍辱

能忍受別人的羞辱、懷疑、誤會、排擠等等而不生怨恨。
當別人對你恭敬供養時，不生憍逸。
當別人對你瞋罵打害時，不生怨恨。
遇寒熱風雨饑渴等外界的惱害時，能忍耐能安住。
能行忍辱者，乃可成為真正具有力量的人。
忍辱能除去五毒中的「瞋」。

## 精進

力行善法，勤斷惡根，不懶惰，不懈怠。

找一個自己喜歡的法門，專心持續的修行。

對於自己的不良習性，要持續的清理直到斷除。

## 禪定

心無雜念，不為世俗萬物迷惑顛倒。

禪定能對治散亂。

打坐、靜心都是練習禪定的方法。

## 智慧

修得智慧以破除煩惱，遠離無明和愚痴。

了解萬物同一體，萬物的本質皆是愛。

能除去五毒中的「癡」。

# 逆境考

　　人生的起伏和天上的烏雲或風暴差不多。有時看起來很驚險，可是很快就事過境遷，完全沒事了。有一次，我忽然財物損失兩百萬，一時真是嚇壞了，誰知不到一年，又莫名其妙的賺回來了。另有一年，有位朋友被騙幾千萬，我與先生都為他難過，不知道他往後日子怎麼過。可是十幾年後，我們發現他早就回復了富裕的生活。所以不要被一些人事物的起伏嚇得要死，這些都是逆境考。

　　有些人遭遇逆境時就想不開，彷彿天要塌下來了，他們不相信自己可以敗部復活，以為從此人生無望，如果放棄了希望，那才是被逆境考打敗了。

　　其實，逆境考常常是人生中一段短時間的低谷考驗，遇到這樣的考驗時，我們要記得孟子所說的：「天將降大任於斯人也，必先苦其心志，勞其筋骨，餓其體膚，空乏其身，行拂亂其所為，所以動心忍性，增益其所不能。」當我們從容樂觀的面對考驗之後，會發現柳暗花明又一村，逆境過後，就好像雨過天晴，光明在望！

# ❋ 物質幻相

　　有一個神話故事，大意是，有個年輕人在路上走著，忽然遇見一位仙人，他可以點石成金，還可以飛行。年輕人很想跟這位仙人學習成仙，仙人說：「你要先通過考驗才可以跟我學成仙之術。當你閉上眼睛，你會看到許多可怕的景象，你要知道一切都是假的，只是幻相。如果你把這些幻相當成真的，叫出聲來，你就不能學成仙之術了！」

　　這年輕人閉上眼睛後，看見獅子老虎撲過來要咬他，他知道這是幻境，所以他一點也不害怕。接著，看到狂風暴雨、天災地變，他仍然知道這些都是幻相而已，所以也不害怕。他看到自己似乎遭遇許多災難，過了一段時間，他死了，被抓到地府去，接受閻羅王的審判。當閻羅王命人抓來他年老的父母，並派人鞭打他的父母，他心疼的大叫起來，然後他醒了，睜開眼睛。仙人說：「顯然你是個孝子，但不是成仙的材料！」接著神仙就騰空而去。

　　雖然許多人都想成仙，但是卻對物質界有許多執著，比如：親情、財富、名利、成就、生死等等，如果把物質世界當成真實的，就會有許多的恐懼和掙扎，當然很難活得像神仙一樣的無憂無懼啦！

# 修行忘年交

　　游老太太是我的一個白髮知己、忘年之交！二十年前，我初到加拿大時，就幸運的遇見他們夫妻，他們帶我參加日本佛教會，因為我聽不懂日文，所以假日裡，我常常去拜訪他們，和他們一起複習前一次的佛法課程。每當我走近她家門口時，已經聞到空氣中一縷淡淡的綠茶清香，而她總是很貼心的準備我愛吃的小點心。

　　她是一個非常浪漫又可愛的人，印象中，她常常穿著淡雅的粉紅色唐裝，正好是我很喜歡的顏色和樣式。當我問起這衣服在哪裡買得到時，她居然有些害羞，笑咪咪的說，那是她結婚時的晚禮服。

　　我們常常相約去公園坐坐，回想起來我們像母女一樣，總是坐在一起談天。和她說話是很輕鬆溫暖的，完全沒有負擔的感覺，不用擔心說錯什麼。她常常就哼起日本小調，後來我也學著像她那樣，時時刻刻都活得很開心，我們經常攜手哼著歌，一起去逛街。

游老先生往生後，我和游老太太仍然繼續努力修行，有幾次游老太太想搬來和我同住，因為她當時八十二歲了。我怕我照顧不周，會引起她九個兒女的擔心，所以不敢答應。

　　有一天，她舉辦慶生會，我應邀去她家，她的女兒準備了豐盛美味的食物，參加的人都是游老太太的好朋友。當天游老太太穿了一件大紅色的禮服，看起來好美！她那銀白的頭髮，白裡透紅的皮膚，配上大紅色衣服，顯得雍容華貴。她很開心的與我們一起唱了許多歌！奇妙的是，在她的臉上，我永遠察覺不到歲月的痕跡，我想那是因為她一直保有年輕快樂的心境！

　　兩個月後，游老太太仙逝了！她是無疾而終的。她女兒說，她當時在美國兒子的家中，打電話給女兒時，神采奕奕，有說有笑的。掛電話後，就坐在椅子上，安詳的離開人間了。我對於她的走法有許多的羨慕和讚嘆！但願我能修到像她這樣，能遊戲人間，來去自如！

# 修行與助人

　　有一次我夢見，廣欽老和尚來對我說：「你去告訴我的弟子們，不要老是躲在廟裡打坐念經，應該出山門去救渡眾生。另一次，我夢見弘一法師，他交代我幫助他的弟子們。其實，我根本不認識弘一法師，夢醒之後，我立即上網查他的長相，證實我夢中看見的形象是弘一法師。

　　2002年，我本想要閉關十幾天，閉關中忽然有問題要問Arthur老師，於是打電話給他，他說：「你閉什麼關啊？躲避人！躲清涼吧！你立刻給我出來幫助別人！」

　　我說：「我想一直都在同一體裡面！」

　　老師說：「如果你只想在涅槃裡面，又何必來投胎？你應該出來幫助別人，助人的時候，你會進步更快！」

　　由於老師的當頭棒喝，我當天就出關了。後來我發現，每當我有機會幫助別人時，有如神助，而且對自己有最大的收穫。因為與靈界合作幫助眾生，會越來越了解靈界的運作，更知道靈界的存在與幫助，也更了解各路神明的能量，更容易查到訊息，這些與靈界溝通的能力都是在幫助別人時，自然發生的。所以有能力幫助別人時，不要執著獨自修行，也不要獨善其身，應該與有緣人多分享修行的心得。主動發展更多的人際關係，才有更多助人的機

會，我們發出去愛心的能量，宇宙也會回饋更多愛的贈禮。

除了諸位已離世以及還在世的老師教我去助人之外，靈界還給我一個夢訊息。有一天早晨我醒來前，聽見靈界的聲音說：「今天是你兒子滿十三歲的日子，從現在起，他的健康和學業由我們接管，你只要去幫助別人的小孩就可以了。」夢中我看到一大群的孩子環繞著我。

醒來後，我立刻去看日曆，天啊！真的是我兒子十三歲的生日，這個印證讓我對靈界產生了極大的信心。從那天起，我把助人當成修行的第一順位。

因助人的時間增加許多，所以打坐時間大幅減少了，我練習在日常生活中，觀察自己的起心動念，練習讓思維有紀律，練習放下情緒的起伏，練習時時保持靜定。

也許外在扮演著母親、妻子、媳婦、老師、學生、許許多多的角色，像一隻花蝴蝶似的忙碌。但是，內在的我，要求自己像老僧入定，做到內外兼修，盡量做到八風吹不動。雖然困難度極高，挑戰極多，考驗很大，我只是盡力而為罷了！幸好，我對自己很寬鬆，做不到的時候，就自我解嘲一下，生活還是要以愉快平靜為主啊！

# 天意的管道

　　幫助有緣人，許多情況是天意的指示和安排，我們只要配合天意去幫助別人，無我無求的人是最佳的管道。

　　想要成為天意的管道，可以向天意祈禱和發願：「**我願意成為天意的管道，請安排讓我有幫助別人的機會。**」這樣靈界弟兄們，就會安排在適當時機，讓我們有機會陪伴一些有緣人靈性成長。

　　如果我們身心靈都還沒準備好，無法勝任陪伴眾生成長的工作，靈界弟兄會安排適合我們的老師或書籍，讓我們可以快速成長，達到一定程度的了悟之後，可以真正陪伴眾生靈性成長。

　　當我們陪伴別人成長時，我們會進步更快，每一位我們陪伴的眾生的修行體驗，也會成為我們的體驗。如果一年內有機會陪伴三十位朋友成長，我們就賺到三十份修行經歷，好像我們多賺到三十年的體驗，這些靈性的養分，讓我們更容易智慧開花，收穫更多靈性的果實，所以有機會要多幫助別人靈性成長。

# 陰陽界的溝通

多年前，有一位親人身體疼痛不堪，我打電話安慰她，電話裡一直有許多聲音干擾，他們發出一些噪音，我忍耐著不理會他們，但也沒告訴我的親人，免得她恐懼。但是，我勸她念地藏經，並且對過去世所造的惡業懺悔。

掛上電話，我就對這些吵鬧的靈魂說：「有話就說清楚、講明白，我才會知道你們想要什麼，不要總說一些我聽不懂的話。」當我閉上眼時，看到右方一個約二十多歲的男人，他誠懇的要求我收留他，他想跟我學修行。左方有兩個約三十來歲的女人，帶著一個小女孩，其中一個對我說：「我也想跟妳學習，我保證絕對不會吵妳，我的小孩晚上會哭鬧，晚上我會帶她去住旅館，只希望妳務必收容我們。」因為他們都說要修行，我就全部答應了。

第二天我的親人痊癒了，她驚訝的問我是如何處理的？因為，她已經痛苦一個多月了，我告訴她事情的來龍去脈。她說，難怪上回有朋友去她家住的時候，抱怨半夜有小孩子來拉她的手。她說這一年多來，經常在半夜聽到有男人女人在她床邊講話的聲音。我感到非常開心，因為，我終於有能力可以幫助親人脫離苦難了！

# 封神榜的啟示

　　小時候看封神榜只當它是神話故事，這次再看封神榜，覺得上天透過這本書，教導「**順天者昌，逆天者亡**」的基本道理，並且提醒我們走在修行路上應該要注意的事情。

　　主角姜子牙，**順應天意**，替天行道。他修道四十年後，奉天命下山執行封神計畫，並輔佐武王伐紂。在戰爭中，他面臨了七次死亡，三次災厄，但是憑著智慧以及遵從天意，總是能逢凶化吉，最終成功的輔佐周武王完成大業。並且，在封神台上，冊封三百六十五位正神。

　　紂王**違逆天意**，暴虐無道，聽信讒言，誅殺忠良，長久征戰，勞民傷財，禍國殃民，又成天享樂，建造鹿臺、酒池肉林，奢華無度，最終導致商朝滅亡，自焚而死。

　　周國的大公子伯邑考，以進貢拯救父親時，妲己見他年輕俊秀起了色心，他不知**婉轉變通**，嚴厲拒絕妲己的誘惑，遭到妲己狠毒的報復，落得被剁成肉餅的悽慘下場。還連累獄中老父，非得傷心的吞下親生兒的肉才能保命。

忠肝義膽的皇叔比干，堅持「君要臣死，臣不得不死。」的愚忠，在明知不合理的情況下，還是自己痛苦的剜心送給紂王，希望他會覺醒。結果只是白白犧牲性命，無濟於事。由此可見，想幫助別人，並不是**掏心掏肺**就可以解決，而是要運用**技巧及智慧**。

　　周侯二公子姬發，**大智若愚**，忠孝仁義俱全的他，每天裝瘋賣傻於市井之間，方得以逃過紂王的監視，最終順利救出老父，完成大業，成為周朝開國君主周武王。

　　此外，還有許多不同修道門派的人，有些聽從天意加入討伐紂王之戰，但也有一些逆天而行，助紂為虐的修道人，與正義之師大動干戈。那時**上天傳下旨意給所有修道之人**：

**凡是在家潛心修行者，不插手戰事者，**
**皆可被封神，名列仙班。**

　　這麼容易遵守的旨意，都還是有許多人寧願去打抱不平，戰得水深火熱，渾然忘了自己修道的目的。試想一個修道之人，找個幫助別人的藉口，成日跑到戰場上和別人打仗，比賽神通，心忙意亂，爭鬥心如此強大，如何修身養性，如何成聖成佛？

　　封神榜給我許多啟示，也成為我修行的參考與借鏡。

後記：
在家乖乖修行，不要去攻擊其他人。
這麼簡單就可以名列仙班
～多麼令人開心啊！～

# 能量篇

## ✳ 全能量

　　全能量是具有愛和智慧的宇宙能量，是完美且完整的創造性能量，可直接供應我們身體與靈體所需的能量，是我們的基本生命能。充足的全能量可以為我們帶來健康、生命力、以及物質上的豐盛富裕，也可以幫助家庭和樂，事業興旺。

　　守五戒、有愛心，思維有紀律的修行者，練習全能量可以修補自己的乙太體，擁有自我療癒的能力。當我們的乙太體獲得足夠的全能量時，可以開啟第三眼，擴展靈性的視野。能量充沛時，還可強化星光體，神遊太虛。

　　運作全能量有助於進入禪定狀態，擴展內在的神力。充足的全能量會成為「能量的天梯」，讓我們得以連結到浩瀚宇宙中的高能量智慧眾生，最終得以成為他們之中的一員。

　　全能量之於靈界，就好比金錢之於物質界。若精通全能量的運作，成為高能量的眾生，回到靈界時，可以進入更高的能量界，在高等能量界的眾生擁有強大的創造力。

練習運作全能量的步驟：

一、做三個深呼吸，讓身體放鬆。

二、有意識的提醒自己：

　　我吸進全能量，

　　我呼出和釋放全能量，

　　我可以為這個世界帶來豐沛的能量，

　　這個世界因為我的存在而變得更宏偉華麗。

三、閉上雙眼，**專注於自己的「手掌心」幾分鐘。**

　　注意力在手掌心可打開勞宮穴，啟動能量運轉。

　　中指自然彎曲，中指點在手心的地方就是勞宮穴。

　　**「勞宮穴」是人體內外能量交換的主要通道，**是身體
　　吸收能量最快的部位之一。右手是陽性能量，左手是
　　陰性能量，兩手的能量相結合，形成一個太極磁場，
　　這太極磁場是一個強大磁場。

四、保持放鬆入靜，讓全能量**自動運轉，通達全身。**

　　全能量是有智慧的，讓全能量自動運轉，不要用意念
　　去引導，以免干擾全能量的運轉方向和順暢。首先，
　　感覺到雙手的脈動變強了，兩手的能量相連結，接
　　著，感覺到心臟的脈動，心輪的能量同時啟動，心
　　輪開始散發出熱能。全能量會自動去打通每一個能量
　　輪，以及身體所有的經脈，使我們的身體載具運轉更
　　順暢。靜心程度較高的人，可以用內眼看到光或能量

的流動，有些人可以感覺到能量的旋轉，有些人可以
感知能量的色彩，有些人可以感覺到能量正在修復身
體的某些部位或器官。

全能量可以幫助我們身體更健康，並且充滿生命力。
練習全能量後，心臟會變得更強而有力，腸胃的吸收力會
更好，免疫系統更健全，身體若有能量堵塞的部位，全能
量會自動偵測並疏通清理，因此，也自然的療癒了身體。

全能量可以強化乙太體，形成一個強大的保護能場，
可防止外在負面能量的影響。若有人受到負面能量或靈魂
干擾時，可以練習啟動全能量，當身體開始溫暖放光時，
會形成一個強大的磁場，那些負面能量或靈魂將無法在人
體上繼續逗留，會被全能量逼出去。

練習專注手掌心一段時間，自然會養成專注的習慣，
頭腦有了紀律，不再胡思亂想而浪費能量，就算不再去想
手掌心，也容易時時保持充沛的能量。因此，情緒更穩
定，思維更正面、更清晰、更有條理。

任何時候，無論是走路時、工作時、談話時、靜心
時、或睡覺前，都可以練習把注意力放在手掌心，從宇宙
中取得全能量，那是取之不盡、用之不竭的宇宙能。

祝福大家行住坐臥都能保持在能量充沛的狀態中！

# ❀ 氣功與能量

*1994*年學了先天氣功之後，開始明顯感受到能量，靜坐時也開始感受到磁場，內心更加平靜了，常常靜到可以察覺大約十幾公尺範圍的他人能量場。

有一次氣功的同修們相約去拉拉山靜坐，深山中磁場特強，人煙稀少又安靜，更能清晰感受到別人的能量場。雖然我們閉上眼睛靜坐，但若有同修走近約兩百公尺內，就可以感受到他的振動波正在靠近，張開眼睛即可證實。尤其某位師兄到達時，他的能量場特別強，能感覺到一波一波的能量流，也能明顯從內視看到他的光能量場。

我們可以開發和運用自己的內在潛能，如果我們只活在肉眼的層次，就只能看到外在表相的物質。武俠小說中有一些盲俠，可以從內在感知敵手的位置。這是真的，當我們靜心到一個程度，對能量的感知可以很清晰。

氣功能在緊急時救人一命。那年我才剛學到氣功可以讓傷口止血。有一天開車外出，有位老先生喝醉酒，騎腳踏車來撞我們的車，他自己倒地後撞破頭，流出許多濃濃的血，把我們嚇壞了。先生打一一九找救護車，我用氣功送能量，先幫老人家止血。救護車來時，他已經止血了。

醫護人員說：「這麼大的傷口，居然可以自己止血？！」

送醫的路上，我一直牽著老人家的手傳送能量，並且專心念阿彌陀佛，在場的醫護人員都以為他是我的父親。幸好他沒有生命危險，也沒有內傷，只是額頭縫了幾針，真是不幸中之大幸啊！

我們持續關注他幾個月，注意他的健康狀況。由於他是單身獨居，我們擔心他失血許多，需要補充營養，所以經常帶些食物、營養品和紅包給他，以表達我們的心意，直到他回復健康後，客氣的婉拒我們為止。

# ✽ 凝視的力量

　　以前我練氣功時，師父說：「凝神收心」。光是練習這四個字，就對我有許多的助益！我發現在專注凝視時，可以送出能量，把自己或別人身上的污濁之氣排出體外，因而回復健康。吃素、練氣功不僅可以調整自己的能量，淨化自己的身心靈，還可以幫助自己和家人更健康。

　　我兒子約七歲的時候，有一天他發燒了，我坐在他的旁邊看著他，應該說，我只是靜靜的凝視他的身體。幾分鐘後，我發現他身上飄出一陣黑色煙霧，並不是很明顯，我懷疑自己眼睛花了，或是幻覺。但是，這時他流汗了，我摸摸他的額頭，已經退燒了。這個方法我曾用在先生和孩子身上幾次，我印證了凝視確實可以逼出身上的濁氣。

　　有一次我去朋友家，她三歲的女兒正在發高燒，約三十九度半，她讓我到孩子房間去看孩子，我說：「帶孩子去看醫生吧！免得燒過頭。」她說：「妳就幫我看看吧！」我不忍心拒絕正在擔憂的她，於是靜靜凝視她的女兒約五分鐘，隱約看到孩子身上飄出一陣陣的黑色煙霧，孩子又奇蹟似的立即退燒了。

我並不想用這種方式去幫別人治病，因為，有一位靈性導師曾經告誡我們，不要用氣功幫人治病，原因是如果無緣無故拿走別人的功課，有可能必須幫別人擔負業障。所以，這個方法我只用在自己家人身上。

　　二十幾年前，我的婆婆中風情況危急，醫生第三次發出病危通知時，我告訴父親，他希望我用氣功幫助婆婆止血。我說，師父是反對我們用氣功幫人治病的，我如果幫忙會有業障，因為這樣會拿走她的課程。

　　父親說：「妳再不出手醫治她，過兩天她就出殯了，妳不會難過嗎？」因此，我回到醫院，伸出手到婆婆的頭部，送了許多能量給婆婆，止住她的大出血，她的病情因此穩定下來。

　　到了晚上，我陪在婆婆身邊，看到婆婆一直說夢話，她不斷在跟夢裡的人辯論，其實，她白天是昏迷不醒的，不知夢裡為什麼頭腦那麼清楚，還能說那麼多話？辯論非常激烈，最後，她大聲說：「我絕對不走，那不是我的錯！」突然間，陷入一陣寂靜！感覺上，與她辯論的靈魂走了，我猜她的命是撿回來了。現在她已經多活二十幾年，身體雖然還差強人意，但是，可以自由的到處走動，已是不幸中之大幸了。

至於擔負業障，我想也是難免的。但是自己的親人面臨生死存亡時，這還是一個愛的選擇。

# ❄ 內境影響外境

　　我們的情感和思維會影響我們的能量，我們的能量會影響我們周圍環境的能量場。因此，我們的內在情境影響我們的外在環境。比如，暴風雨是人們的集體意識形成的一個能量體。在物質界，人們聚集的負面思想能量，是以狂風的型態展現；人們的負面情緒能量，是以洪水的形態展現。因此，當許多人在擔心、恐懼、憤怒和不安時，他們的負面能量聚集起來，很容易引發暴風雨。

　　我們可以觀察到，每當人們不信任政府、擔心世界局勢、擔心戰爭、擔心經濟不景氣、擔心通貨膨脹、或抱怨連天時，聚集起來的怨氣能量，非常容易引發颱風、地震、土石流等等災難，人們往往認為那是天災。殊不知，那其實是人禍。如果希望這世界風調雨順，我們最好時時保持正面的情感和思維，不要讓負面的情緒和思想汙染這世界，我們才能享有平安美好的生活。

「自己就是所有外在惡事及困擾的唯一創造者，
……只要透過努力淨化自己的負面性，
就能將任何外在的負面情境**轉換為正面的**。」
～摘自：赫萊瑞恩系列　《靈性的季節》～

# 暗戀能量干擾

大多數人都喜歡長得美麗、英俊或外表吸引人，可是如果有人暗戀你時，就不妙了！人們思念你時，會發出一種能量波，可能干擾你的睡眠，甚至導致嚴重失眠。

有位師姐有一陣子半夜都睡不著，*Arthur*老師對她說：「你這陣子常常睡不著，是因為有異性整天想著你，他的能量糾纏著你，所以你會睡不著。你可以觀想一把大剪刀，把所有附著在你身上的別人的能量線剪掉。」後來，她試著練習『剪刀大法』，之後就睡得很好。

事實上，那時有位男士一直在追求她，她是有夫之婦，當然不能接受這追求。那陣子她幾乎夜夜睡不著，飽受干擾，但她並不知道真實原因。幸好，經*Arthur*老師點醒，才解決了這個困擾。

*Arthur*老師還提到，有些影歌星是許多人的偶像，甚至成為許多星迷的性幻想對象，可能不明原因的患失眠症，每天得吃安眠藥才能入睡，有些吃安眠藥過量、或自殺的，他們並不知道自己是被許多人的能量干擾太嚴重，所以痛苦到去自殺。

# 磁場與吸引力

問：如何看待最近許多人對我的喜歡與思念？

答：情境是我們安排的。

　　能量產生的磁場是不可思議的，

　　你變成一個大磁場的中心，

　　旁邊的人被吸引過來是正常的。

　　善加利用這種力量，把周遭的人引進光的國度。

　　他們只是情不自禁，沒有什麼其它的原因。

　　當你想幫助別人時，別擔心太多事物。

　　如果，你的心中充滿愛，沒有壞事可以到達你身邊。

　　因為，**愛不會傷害愛！**

　　所以，你不用擔心！

　　事實上，你已經通過了多次考驗。

　　你不會被別人深深的愛意沖昏了頭，

　　你的冷靜及不帶情感的處理方式，正是我們需要的。

　　你理性、客觀、機智，所以得到我們的大磁場，

　　現在你是上帝的美好管道了。

　　請記得：

　　**情況是靈界安排的！**

　　你只是幫忙叫醒人，基本上，你十分安全！

# 療癒篇

# 奇妙的修復者

　　幾年前我的左腳背上長了一個約三公分的硬塊，穿鞋子時會磨擦到鞋子，所以很痛。每當我擔心時就祈禱，請上帝來幫我醫治它，然後耐心等待。然而幾個月過去了，它又增大一點，鞋子都快穿不進去，我開始擔心了。那天早上我忍不住跟上帝說：「祢再不來幫忙，明天我就非得去看醫生不可了，因為我擔心……。」

　　那天我想睡午覺時，剛要闔眼，忽然看見有一個透明的人影，穿透我二樓窗戶的玻璃，直接走進我的臥室，然後在牆壁上寫一些化學方程式，一面寫一面用心電感應跟我解釋，這沒什麼，只是老舊細胞鈣化的陳積物，說完就走了。我趕緊起來摸摸我的腳背，奇蹟真的發生了，那硬塊不知不覺中已消失無蹤，一滴血也沒有的，不痛不癢的，對方甚至沒有觸摸到，就取走了它。這不是我自己幻想的，也不是夢，是清醒中看見的，我的先生和女兒都可以作證，他們倆人都看過我腳背的硬塊，也知道我的硬塊憑空消失的奇蹟（*P.7*圖）。

　　親愛的上帝！謝謝祢為我展現奇蹟，但是我很好奇，這位奇妙的修復者究竟是誰呢？

# 人體自動修復系統

　　*2017年11月中，我走路時不慎摔傷了右膝蓋，急診時X光顯示膝蓋骨折，醫生幫我打了石膏，回家靜養一個月。這期間我大多在電腦前工作，偶而想起就對膝蓋送些能量，或是觀想光來療癒它。過程中，感覺到腳底逐漸溫暖起來，似乎有活血的效果。*

　　有一晚我睡不著，就起床靜坐。當我頭腦放空時，忽然感覺全身的能量場開始自動運作，尤其是受傷部位，有強大能量場自動運轉。我看到能量在右腿附近像波浪一樣起伏，感覺能量集中修復受傷部位大約十分鐘。因此，右腿充滿了熱能，溫度居然超過正常的左腿。

　　一個月後我去醫院回診，醫生幫我照X光時，對我豎起大拇指說：「你的腿骨癒合良好，可以開始練習走路，兩週後，你就會完全康復。」感謝醫生幫我診斷和打石膏，也感謝我們身體的自動療癒系統，讓我在一粒藥也沒吃的情況下，自動療癒了膝蓋骨。

　　幸好，我平日有打坐靜心練功，必要時可以療癒自己。我深深體會到，當我們將情緒和思維全部放下時，可以變成強大的能量場療癒自己。

# ❀ 信心的療癒力量

　　大約十多年前，有一位朋友的兒子打電話告訴我，他的媽媽快死了，現在躺在床上不停的抖著，檢驗報告顯示她可能有子宮頸癌，我就說：「告訴你媽媽，她死不了的，她沒有癌，她只是發炎，不信再去檢查看看。」過十幾分鐘後，我朋友不抖了，起床打電話和我談得很開心，隔幾天，她又檢查一遍，檢驗報告顯示她只是發炎，很快就好了。

　　幾年後她問我，為什麼我當時那麼肯定的說她死不了？我說：「因為我知道信心的力量，加上妳對我的信任，這樣妳就可以療癒自己。」

　　心情保持愉快，完全信任，自我療癒的潛能就會發揮，把大病化小、小病化無。現在我的朋友活得積極快樂，參與許多活動，還經常把她的修行心得與大家分享。

　　有一次我在朋友家遇見一位中年男性，雖是初見面，但我們在靈性成長的話題上，自然順暢的談了一個多小時。後來他告訴我，他當天開車回花蓮的途中，經過濱海公路時，他的眼睛忽然變得前所未有的明亮，可以看得很遠，景物清晰又鮮明，色彩很豐富，這情況維持了相當長

的一段時間。

　　事後，我問指導靈，為何有這樣的奇蹟？

　　訊息是：由於當事人深信我那天所說有關靈性成長的話語，因此，他更信任上天了，所以他的能量迅速提升，而且，指導靈希望他能明白和體會修行很好，能對修行有信心，因此，在他身上展現奇蹟。

# 量子療癒場

　　大約在2006年*Arthur*老師介紹我們去看一個從加拿大*BC*省來的十九歲男孩亞當（Adam McLeod），他天生就可以看到人類及動物身上的光環（能量場），所以，他小時候最不解的是：為什麼要玩抓迷藏這種遊戲？因為，他可以看到人的大光環，當小朋友躲在樹幹後面時，對他而言，就好像一個人躲在掃帚柄後面一樣好笑。他一直以為每個人都和他一樣，可以看到這個彩色的人體光環。他甚至可以清楚透視人體內細胞運轉的情形，以及患病部位的情況。

　　他可以調整人體器官內阻塞滯留的能量，使它在體內運行暢通，因此他治療了許多病人。但是，他建議人們自己調整身心，使自己經常保持在正面積極樂觀的狀態，才能真正治癒自己的疾病。（註：2018年秋季起，亞當博士已經不再接受病患了，他有更新的研究計畫和方向。）

　　參加亞當的聚會那天，我們到了會場已經有幾百個聽眾在等候，大多是西方人，許多是病人。亞當翩然的出現了，他的眼眸流露出安寧和純淨，他那高雅和藹的雙親，以及可愛的弟弟妹妹陪伴著他一起出場。他的演說充滿了智慧與愛心，如果不了解靈魂年齡的不同，真難以相信一

個高中剛畢業的少年會有如此深刻的見解。

當他在會場慈悲的運用他與生俱來的能力，對全場的人放送治療能量時，我感受到能量之流，由他的一雙手掌中發射出來。那振動力一波一波像海浪一般的湧過來，這是自從我十幾年前練氣功以來，第一次感受到這樣強的能量，從一個人身上散發出來。原本我的左肩經常疼痛，忽然減輕許多，幾星期後，居然再也不痛了。

當天我在台下默默的學亞當，去感受那三個上台接受他觀察病情的人的身體磁場。我發現自己也可以清楚的感受到他們不舒服或疼痛的部位。原來當我們靜下來時，都可以和別人的磁場能量溝通，比把脈問診還快速，而且距離多遠也可以。我發覺那些人的疾病大多是因為恐懼、壓力或思想過度負面而引起的。那些疾病原本可以避免的，如果人們養成正確的思維習慣，身體才能健康。

亞當運用許多生動的影片講解如何排除體內的濁氣，如何導引體內的能量正確運行，如何治癒自己的身心。最後他感謝他的父母、朋友、已被他治癒的患者，以及所有幫助他的幕後工作人員的支持。他說，一個人的力量畢竟太小，團體的力量大，大家聯合起來，一起幫助地球上的人們，養成正面思想的習慣，人們才能享有更健康快樂的生活。

# 學習自我療癒

　　*2018年*，我的一位親戚（六十八歲）因為暈眩被送急診，才發現是肺癌末期患者，癌細胞已擴散到淋巴和腦部。她打電話問我，如果練氣功，是否對病情有幫助？其實，現在才想要練氣功似乎太遲了。我本想放下她，因為她年齡大了，思維很難改變。但是我又不忍心見死不救，還是設法幫助她，所以就花一些時間幫她催眠，才發現她在幼年期有許多創傷和痛苦的經驗。

　　我知道她兩星期後要再檢查一次，勸她要開心的過每一天，想辦法在這兩星期都過自己喜歡過的生活，把一切的煩惱都放下。由於細胞是因為生氣、不快樂，才扭曲成癌細胞，如果學會開心過生活，細胞會回復正常。

　　她接受我的建言，努力嘗試開心的生活，也打坐靜心。十五天後檢查結果，她的癌細胞不只沒有擴散，左肺只剩一個約三公分大的點，腦和淋巴都是正常的。醫生很開心，決定幫她開刀治療，存活率很高。

　　其實這不是奇蹟，當我們真正開心的活在每一個當下時，癌細胞絕對沒有孳生的理由和空間。

# 呵護自己的方法

　　如果頭腦有許多執著，想要擁有過多的事物，就很容易造成許多壓力，人際關係的緊張，身體細胞的混亂，各器官之間的不協調，脈輪之間的不平衡。那時，身體需要放鬆和休息。不需要等到疾病降臨，才開始休息和放鬆。如果身體出現病症，那是身體的智慧在發出警訊。

　　日常生活中，好好呵護自己吧！放慢腳步，放鬆心情，享受生活的每一個當下。聽聽音樂，喝喝咖啡，細細咀嚼一片麵包，聞聞花草香，觀看可愛的小貓小狗，欣賞那空中的飛鳥，天邊的雲彩，燦爛輝煌的日出和日落……生活原本可以簡單、幸福、又豐盛的。

# ✿ 活化身體的細胞

放鬆坐著，
柔和的看著自己的肌膚，充滿愛心的撫摸它們，
輕柔的對身體的每一個細胞說話，讚美它們的完美，
細胞是有意識的，有智力的，
細胞被稱讚時，
會活化，充滿生命力，變得光澤亮麗。

你也可以在心裡對著家人的細胞說話，
溫柔的讚美它們！
那樣你的家人會更健康，也會很愛你，
不由自主的來到你身邊。

# 紫火的奇蹟

　　2016年10月，我先生經常感覺頭暈，所以我們減少工作量，甚至常常兩二天都停工，讓他可以獲得足夠的休息。但是他的頭暈卻越來越嚴重，直到他走路不平衡晃動厲害，甚至無法自己洗澡。那天臨睡前，我問上帝：「我先生到底怎麼了？」

　　夢中見到一本古書，書上有許多文字，其中一行字有光照射著，我湊近看仔細「你是那紫羅蘭色的火焰！」接著，另一幕出現，一些業障正在加緊攻擊他的身體。

　　夢醒時，約清晨四點，我把他送進急診室，電腦斷層診療結果是中風，後腦有一條細血管堵塞。看著他逐漸無法集中對焦的一雙眼球，和無法平衡走路而晃動的身軀，我覺得心疼和無力感，不知道怎麼幫助他？

　　我打電話給Arthur老師，問他該怎麼辦，並且把前一天的夢境告訴他。Arthur說：「你是那紫羅蘭色的火焰，就是上帝給你的答案，你快點用紫火燒掉那些業障！」非常感謝Arthur老師及時幫我解答夢訊息！（P.6圖）

事實上，*Arthur*老師教給我們紫火已經將近十年了，我一直被自己的概念阻擋著，所以都沒練習，沒運用，也因此沒印證。

　　我知道後，立即試著坐下來靜心，開始**向上帝申請**那神聖紫羅蘭色的火焰，燒掉我先生的業障。於是，我從智慧眼中看見有些類似蓮花形狀的紫色火焰從天上降下來，包圍他的身體。紫火中出現大約十個靈界的醫生，圍繞在我先生的身體四周，幫他醫病。然後許多像咖啡色葉片般的東西，從他身體裡飛出去消失，我猜那是濁氣或業障，我看到他回復強壯的身體。

　　第二天我去看他時，他已經好了。可以起床自由行動，近乎正常行動的人。出院後不到一星期，復健科醫師也覺得他不需要復健了，只要參加一個長期的太極拳班就好了。醫師說：「太極拳可以放鬆和平衡身體，是很好的運動。」

　　發表這篇文章，是為了見證上帝紫火的奇蹟，希望與大家分享上帝的愛，感謝上帝的恩典！感謝*Arthur*老師的指引！

# 情緒篇

## ✳ 情緒管理

　　修行許多年後，我還是很容易生氣，我希望自己能改變習氣，所以向我的靈修導師請教如何改掉我的壞脾氣？他說：「我不覺得你脾氣壞，只是你情緒升起時比較激動，你要學會情緒管理，當自己情緒的主人，不要被情緒牽著走。」於是，我開始練習時時觀察自己情緒的起伏。

　　平時，我很愛先生、孩子，但是，在整理環境時，常常把大家數落一頓，甚至罵得全家落荒而逃。有一次，先生跟孩子們都被我罵走了，因為我叫大家立刻滾蛋，我暫時不想看到他們。他們趕緊都撤出去之後，我很快就冷靜下來了。

　　過了半小時，女兒從門縫探頭進來說：「媽媽你好了嗎？」我說：「早就好了，你們去了哪裡？」她說：「只是去車房，好多蚊子喲！」接著門開了，先生、兒子都跟著女兒溜進門，各就各位坐回自己電腦桌前。他們的姿態讓我聯想起以前媽媽養的母雞，總是喜歡走到窩裡，抖抖身子，整理好羽毛，安穩的坐著孵蛋的樣子。我有點啼笑皆非，沒想到自己的火爆情緒，竟然弄得三個我心愛的人兒不得安寧，還得去車房餵蚊子，真是不好意思！

事後回想，我在發脾氣時是理直氣壯的，因為我認為都是他們造成髒亂的，可是為何之前的許多天，我都可以包容這個環境，對髒亂視而不見呢？而今天看了為什麼就會發脾氣呢？第二天，我發現自己月事來了，才想起，每次發生爭吵時，先生都會說：「你的月事快要來了吧！」他每次都猜對。我才發現，自己的情緒經常受到生理期的影響，從此，我練習在生理期前後，盡量多休息，保持平靜和放鬆，生活簡單，避免造成不必要的壓力，讓家人都能享有平安和樂的生活。

　　此外，我觀察到，自己情緒起伏的原因，多半來自對於名譽的得失心，尤其我對於被別人誣陷的情況，幾乎沒有免疫力，我會一直去辯解。我的導師Arthur經常接收天意來考驗我這個執著。每一次失敗後，導師會說，你怎麼又被我考倒了！直到有一天我終於感到厭煩了，不想再解釋了！導師問我：「你還在乎別人的批評嗎？」我說：「看淡得失，我已經懶得生氣了！」導師高興的說：「懶得生氣，就是過關了！」我說：「這樣也算過關啊？」他說：「因為不在乎了，才會懶得生氣，你已經不執著個人的名譽了！」

　　我繼續練習觀察自己的每一個起心動念，是否還有任何執著？對於外界的人事物還有批評嗎？只要有執著、有批評，一定會產生負面情緒。因此，我練習感謝上帝送到面前來的每個人事物，學習去欣賞、接受，和無條件的愛

所有的人事物。我相信，有朝一日，我的情感將會昇華為
愛。

# 放下生死的恐懼

～死亡絕非終結，只是另一段旅程的開端！～

其實，任何自己或別人所發生的事情，都只是課程，沒那麼可怕。連「死亡」也都只是幻覺。與其擔心死亡，不如好好活在當下。真相是：沒有死亡，只有時間到了，應該回靈界的家。在人間時，我們應該發揮所長，認真服務，直到「回家」的時間到來。這時自然有靈界的友人來迎接我們，回到靈界的天家。有些人看不見靈界，不相信死後有靈界，老愛跟我辯論，我說：「不管你信不信有靈界，靈界不會因為你不信，就不存在。」

在這本書中，我述說了許多和「靈界」有關的事情，就是為了讓朋友們更了解靈界的存在。如果喜歡看漫畫的讀者，建議看《漫畫靈界（靈界見聞錄）》那是有關十八世紀瑞典科學家史威登堡（*Emanuel Swedenborg*）探訪靈界的真實見聞，由日本醫師今村光一根據史威登堡的暢銷鉅著《天堂與地獄》翻譯、摘要、編輯而成的漫畫書籍，圖文並茂非常容易了解。《天堂與地獄》出版至今已被譯為各國語言，中文譯本至少也有三個版本，有興趣想要更深入了解靈界的讀者，可以閱讀這本書。

# ❄ 情緒引來的笑話

我先生平時在家裡對我滿體貼溫柔的，但是他的個性很急，一急起來就會亂吼亂叫。結婚多年，我已經習慣了，我知道他沒什麼惡意，吼完一會兒，自己就會來陪禮道歉。我覺得他的脾氣像小孩一樣，但這也不是說改就能夠改的，所以就多包容囉！

然而，我們住在加拿大多倫多，這裡的男士對女士大都是具有紳士風度的。有一天，我與先生開車去一間電料商，卻買不到所需的電線材料，我說我們去另外一間電料商吧！我老公就開始發飆了，他大吼著說：「我絕對不去！你都只會指揮我東西南北的跑，你知道那家店有多遠嗎？」原來兩地相隔大約五十公里，而我沒有地理位置的概念，以為很近。那時有位白人走過來勸說：「要疼愛自己的女人啊！對女人要疼愛不能用罵的！」緊跟著又來了一位黑人，也很嚴肅的跟我老公說：「*Be a man*！（要像個男人）要有紳士風度，對女人說話要客氣溫柔。」

我差點笑出來但我忍著，禮貌的跟兩位男士道謝。等他們走遠了，我跟先生說：「*Be a man*！哈哈！哈哈！」有時候，我們情緒化時，旁人會以為我們是在吵架，聽不懂中文的外國人就誤會大了。

# ✳ 負面情緒的影響

一、 習慣性的妒忌、憤怒容易造成心臟、肝功能、痔瘡、
　　　貧血和視力的問題。

二、 感覺寂寞、孤獨、缺乏愛，易有過敏、鼻塞、咳嗽、
　　　肺部功能的問題，以及人際關係疏離的情況。

三、 抑鬱、憂傷、恐懼感深的人，會覺得能量不足、容易
　　　疲倦、對體能的無力感、肩痛，手腳冰冷。

四、 過多的擔憂形成胃部的疾病，消化不良、胃酸過多、
　　　胃脹氣等等消化系統的障礙。

五、 氣喘大多是幼年時期害怕和母親分離，或害怕弟妹的
　　　出生，分散了母親對自己的關愛。

六、 腎臟病和糖尿病是不肯釋放過時且負面的情緒。

七、 高傲、死板、頑固的人，容易引起膝蓋關節疼痛。

八、 覺得挫敗連連，或不能自在表達情感者，容易咳嗽、
　　　喉嚨發炎、口腔潰瘍。

九、 在發生癌症之前，當事人可能曾經發生極端的恐懼、
　　　負面、憤怒、抑壓的情緒。

十、 心臟與愛有關，若表達愛和接受愛的能力出現問題，
　　　容易產生心血管的疾病。比如，高血壓是吝於表達對
　　　人們的愛心所致。

# 情緒失控的危險

習慣發脾氣的人，身體容易被其他靈魂借用。發脾氣時，容易引來情緒強烈且憎恨心重的靈魂。他們隨著當事人的情緒振動力，介入當事人的情緒、思維和身體。

曾經有許多平時相愛的人，在吵架時不小心刺傷對方，或殺死對方。他們本來並沒有想這麼做，只是生氣時沒有辦法控制自己，像發了瘋一樣。其實，當時只是身體被其他靈魂借用，失去控制自己意志力的能力，就連身體的肢體都被介入的靈魂使用，事後懊悔都來不及了，感覺自己像做了一場惡夢。

靈魂暫時介入的時間通常不會很久，大約一兩小時，他們會出去。因為人體屬陽，它們屬陰，他們無法在人體內太久，所以會自動離開。這時剛才被介入者，會清醒過來。所以發生爭吵或衝突時，最好至少有一方能警覺到，保持冷靜，暫時先藉故離開，彼此隔離幾小時，避免被借用。

被靈體介入時，通常會有異樣的感覺，比如耳朵被一種壓力蒙住，或是一瞬間耳朵很痛，或是一個很尖銳的聲音刺入耳朵的感覺。因為耳膜很敏銳，容易感覺靈體的振動力侵入或離開。如果感覺被侵入，趕緊專心念佛號，或念四句，或集中注意力靜心，介入的靈魂受不了我們凝神收心時所產生的全能量，就會離開。

# ❀ 轉換情緒的良方

　　振動頻率好的音樂可以淨化身心，紓解情緒，快速調整我們不平衡的振動力，產生美好的氛圍和磁場。

　　有時我看到一些憤怒的人，頭上冒出一股股的黑煙，那些黑煙會使室內充滿淡淡的黑色霧氣，使自己與家人生病。還有一些人是比較抑鬱、封閉不愛別人，不喜歡與別人共處，他們是頭頂或身體冒著土黃色的煙霧，會讓他自己和家人感覺鼻塞、咳嗽、眼睛不舒服。這些煙霧是有毒的能量，讓人覺得不舒服，有時打開窗戶也不會出去。為了清理這些能量，我會播放音樂，利用音樂的振動力，清理室內的磁場。

　　閉關的時候，我也會用一些時間聽音樂，享受並且融入美好的樂聲中。很快的，感覺身心靈像是被洗淨了，就像是雨後的天空，清澈澄明！

# 思維篇

## 淨化思維

　　負面和混亂的思想會阻礙靈性成長以及幸福的生活。因為，當一個人經常胡思亂想時，振動力會下降，與陰間那些思想負面的眾生頻率接近。而且，生生世世的冤親債主很容易找到他，有機會干擾他的生活，阻礙他的成長。因此，淨化思維，是修行很重要的基本功。

　　我結婚後是以畫外銷油畫來賺取生活費，同時還要兼顧家庭，所以，靈修初期我選擇念佛號的方式淨化思維，對我而言是最容易做到的。任何時候我都可以念佛，畫畫時、洗碗時、走路時（有時候，每見到一根電線桿，我就念一句，挺好玩的！）。一直念到頭腦越來越清淨時，我開始有能力接收一些靈界的訊息，也開始發現一些陰陽兩界的奧祕。早期我仍害怕看到鬼魂，所以，當時靈魂與我溝通的方式是用「聲音」。

　　有一天，一個朋友打電話向我哭訴，前幾天她二十歲的兒子剛剛車禍死亡，她自己也破產了，正走投無路想要自殺。當時，她的冤親債主也同時在電話中發聲向我申訴：「這女人在過去世當縣官時審判錯誤，造成我和腹中胎兒無辜被判死刑，我發誓生生世世追討，我要他們母子一命償一命，還我們母子一個公道。」

此外，我有一位同學，當我跟她在一起時，會一直聽到嬰兒的哭聲，求證之後，才知道她曾經拿掉幾個胎兒。

當我們淨化思維之後，可以更容易接收靈性訊息，這是每個人都擁有的內在能力，可以透過練習發展這項能力。有了內在靈性訊息，我們才能得知外在生活事件背後真正的因果關係，以及靈性上的意義，才能公正合理的處理。

# ❄ 幸福的祕訣

　　幸福不是天上掉下來的，雖然如此先別失望，讓我悄悄的告訴你：如何找到幸福！其實，只要學會**正面思維**，很快的就能擁有幸福的生活。如果你們曾經看過一些具有超能力的人，集中心智移動物品，或扭曲鐵湯匙等，就會明白，思維是可以控制物質的。

　　思維是具有創造性的能量，**想好的，就會創造好的**。因此，最好只想幸福的事，想自己未來會更好，更健康，更富有，更幸福，更快樂，更有智慧，更自在，更開悟。如果有恆心、有信心的想正面的。而且當你想得到什麼，就專注的投入心力，盡力去做應當做的事，相信事情會圓滿達成，你就可以準備迎接所有幸福的來臨。

　　有些人常常胡思亂想，杞人憂天，整日憂心忡忡的。他們不知道自己已經在不知不覺中過著暗無天日的生活，而且，還為自己的未來訂製了暗潮洶湧崎嶇坎坷的生命。

　　有一個簡單的培養思維紀律的方法是：
隨時觀察自己的每一個思想，把所有負面思想改為正面，持續的做，直到頭腦裡只留下「正面的」思想。

思維可以創造未來，

所以，想清楚，自己要的是什麼？

然後，做出您的選擇！

# 一切唯心造

　　古人說：「一切唯心造。」這裡的「心」是指心智、思維。我們的每一個思維都具有能量，也具有創造力，因此**無論一個人想什麼，他已經開始變成他所想的**。所以，我們要時時覺察自己正在想什麼，也要謹慎選擇思維所專注的對象或目標。有些人可以閱讀或感知人們的思維。以前我練習在心裡時時念佛號的期間，曾經遇到三位具有天眼通的人。

　　第一位有天眼通的人跟我說：「哈哈哈！真好玩！我看到一串串的阿彌陀佛文字，一直從你頭上飄出來。」

　　第二位是幫人觀落陰（和已過世親人說話）的乩童，他對我說：「你出去吧！不要待在我這裡。你把我這房子弄得都是光，太亮！太刺眼了！嚇得那些靈魂都跑掉了，不敢來附我的身，我怎麼跟我的客人交代啊？我還要不要做生意啊？」這讓我更明白，念佛號，可以產生光。

　　第三位有天眼通的人是我的靈修老師*Arthur*，他對我說：「你可以不用再念佛號了！你已經練成沒有雜念了，我剛才坐在你身邊二十分鐘，你除了佛號沒有任何一個念頭和想法，現在我可以教你接收訊息了！」

# 思維與視野

　　因為念佛和吃素打坐，我的念頭越來越少，甚至一念不生。有時我一想起誰，就感應到那個人的思維。有一次，我坐在車子前座，靈修導師坐在我後面，我回頭看了導師一眼之後，忽然進入一種很深的禪定。當時我感受到我就是他，於是我用他的視野看世界，覺得車窗外的夜色變得好靜好美！我享受這前所未有的美妙感覺，時間長達二十分鐘，直到我們下車。

　　有一次我獨自在家打坐，忽然想起我的一位親戚，瞬間感應到他的思維。當他走在路上時，頭腦想著：「這裡真荒涼，賺不到錢！」從他的視野看出去，房屋街道顯得破落、荒涼黯淡。（平時，在我的眼裡，這裡有許多參天大樹，綠意盎然、風光明媚，街道上有許多維多利亞式的優雅建築。）當時他剛剛移民來多倫多，沒有固定的工作，內在的擔憂和匱乏感，造成他眼裡看見的是滿地的荒涼，我在他的思維世界裡才幾秒鐘，胸悶和壓抑的感覺讓我差點不能呼吸（他當時有高血壓），所以趕緊逃出來。

　　為了印證這個體驗的真實性，我立即打電話問他。我說：「你剛剛在想，這裡真荒涼，賺不到錢。是不是？」

他說：「是啊！你怎麼知道啊？」原來，同樣的地點環境，在不同人的視野裡，景色與氛圍竟然完全不同啊！

難怪佛經裡說，天堂和地獄是我們自己的創造。同樣在這世界上生活，快樂的人覺得自己彷彿置身在天堂裡，痛苦的人彷彿生存在地獄中，所以思維深深影響我們對這個世界的觀感，想要生活在天堂或是地獄，就看自己的選擇和創造能力了。

# ✿ 思維的進展

　　我幫人催眠時發現，人們生生世世的學習和生活背景不同，思維的進展方向和程度也不同，因此，影響了這一世的學習能力，以及所展現的各個面向。

　　有些女孩過去世大多是男性，扮演女性角色的經驗較少，因此，她們今生的個性比較男性化，與男性談戀愛時經常觸礁，雖然渴望結婚，美夢卻不容易成真。

　　有些人在今生沒念到高中或大學，查出過去世是在荷蘭種田、或是在紐西蘭當牧羊人。他們的思想單純，待人誠懇。他們的衣著樸實淡雅，比較鄉村風。由於他們在過去世讀書的經驗較少，這一世在讀書方面感覺相當吃力。

　　有些人在前世當過皇家成員、或達官貴族等，他們的思想較為細密，通常講究禮節、服飾或美食。基本上，他們在前世大都在文化藝術方面投入較多能量，所以，今生往往也是琴棋書畫樣樣行。

　　我也曾經幫一位高中學生催眠，他看到自己來自高科技行星，他們的行星使用電腦控制機器生產農作物，人人都擅長操作電腦。他的數學能力很好，邏輯思維也很強，

電腦對他來說特別簡單。在現實生活中,他曾代表學校參加電腦遙控機器人的比賽,並且得到名次,顯然這和他過去世所學的東西息息相關。

我們常常認為某些人是某方面的天才,其實這和他們過去世的學習經驗有關。比如,莫札特就是大家都熟知的一位天才音樂家。這裡引用《靈性的季節》書中的一段:「莫札特就是一個很好的例子。他在孩童時所譜寫的優美樂曲,已超越許多當代成人作曲家,這來自兩個因素。首先,莫札特獲得的音樂天賦部分來自高等靈界的加持,尤其是天使界。然而,如果莫札特的靈魂在過去世並沒有努力增進作曲家和演奏家的才能,天使界也不可能加持他。由於他曾經努力投入能量,天使們才可能透過加持他曾發展的天賦能力而成就他最精華的作品。」

因此,我們可以了解所謂的「天才」是經過生生世世努力的學習、投入能量、以增進某項才能,再加上靈界的加持,而成就的。所謂自助者天助也!

我們生生世世的學習經驗和能力都會累積在靈魂的層面,即使前世沒學習過的領域,此生開始努力投入學習,就可以在這領域累積經驗。如果,來世再來地球投胎時,就會具有這方面的天賦能力。那時,人們可能會讚嘆你:「哇!你真是天才喔!」

# 閱讀啟發思維

在我幼年時期，閱讀已經成為我最重要的娛樂。大約小學三年級開始，每天我都要閱讀幾本課外書，並且神遊於作者的思維世界中。我大多是利用放學後的時間，去圖書館閱讀課外讀物，從亞森羅蘋偵探推理小說、到紅樓夢、屋上提琴手、還有許多世界文學名著等等。到了初中一年級時，我已經把圖書館裡所有我感興趣的書都讀完，那時我已經養成喜歡閱讀的習慣了。

有一天上中文課時，我還在閱讀課外書，老師走過來要沒收我的書，當他看見書名《叔本華與尼采》時，他說：「你看得懂嗎？不要看這些書，他們很悲觀。」

我說：「可是我覺得他們是探討生命的哲學家。」
老師說：「好吧！你喜歡閱讀，也看得懂，很好！書還給你，但是上課時間，不要看課外書，要專心聽課。」

其實，對我而言，中文課本內容太少了，才十幾篇文章，在開學第一天拿到課本時，我就讀完啦！然而，老師卻要講整個學期，對我來說，上課實在太無趣了！

閱讀使我大開眼界，有許多作者的思維世界很美，經由書中的文字，我可以隨著他們的思維，去想像和感受他們多采多姿的生活，覺得比看電影還精彩。

　　我喜歡看的書籍還有世界歷史，綜觀人類的歷史，可以看到人類從早期的野蠻戰爭，進化到文明與和平，從匱乏的年代，進步到繁華與豐盛，人類在不停的進化中，世界也變得越來越美。這是整個天意的計畫與安排，讓地球逐漸提升，進化至愛的文明。

　　閱讀可幫助我們拓展思維和視野，有空就多閱讀吧！

# 發展創造性思維

　　想要擁有優質的生活，必須多多學習創造性的事物，那麼，就會得到靈界的禮遇，會被安排比較完善的生活。上天為了讓我明白這個訊息，送了我一個象徵性的夢境。

　　有一天，我夢到坐飛機，空服員說：「能拿出特殊才藝的證明，就可以坐在比較舒適的位置。」我女兒立刻從皮包中拿出文學和音樂家證明（夢中我才知道，因為她從小就喜歡閱讀，論文比賽得過全校前幾名，所以得到文學家證明。她也喜歡唱歌，從小學到高中都有參加學校合唱團，所以還擁有一張靈界頒發的音樂家證明。）她被安排在機艙中最前面的好的位置。另一位會拉小提琴的乘客，也拿出音樂家證明，所以也有好位置。

　　我問說：「我喜歡畫畫，這樣有沒有藝術家位置？」空服員說：「當然可以！主要是因為學習文學、藝術、音樂和科學，可以刺激腦前葉，發展創造性思維。靈界敬重這些努力學習和成長的人，會給予特別的福利，也會安排更好的生活給這些人，其他人只能坐在後面的艙等。」

持續學習，可保持思維的擴展和成長，在這個資訊發達的時代，我們很幸運的有許多學習的方式，例如：參加讀書會、研討會、音樂會、各種藝術或專業展覽、各種才藝或專業課程、烹飪或烘培課程、舞蹈課程、瑜珈課程、知性旅遊等等。這些活動都會刺激腦前葉細胞持續成長，使頭腦保持年輕靈活，體態也自然會保持年輕有生命力。老化和癡呆並不只是年齡因素所造成，還有一個重要的原因是停止學習，頭腦長年不使用，鈍銹了！

　　不分年齡，都可以繼續學習和成長。我的房產律師來自台灣，年齡大約七十幾歲，身體健康，思維靈敏且清晰，睿智幽默，走路步伐輕盈。他說，他從電腦專業退休時，就去學習法律，六十歲時考取律師執照，他從來沒打算退休，一直都精神奕奕的繼續在工作。我希望我以後也可以和他一樣，保持身心健康，為人們服務到最後一分鐘。

# 專注於創造

我的母親八十三歲那年，因為參加讀書會的活動，而愛上了色鉛筆著色。從此幾乎天天專注於繪畫。她說，有時候，只是想著要給一朵花畫上什麼顏色（P.3下圖），就覺得好快樂。有時候，她在一張紙上，畫滿了不同色彩組合的小鳥，她的心情彷彿也和小鳥一樣雀躍。

隨著練習的進展，慢慢的，她開始臨摹畫本，勾勒出圖案，而不只是著色。過了一段時間，她開始注意到立體的表現方式。有時候，她花了幾小時，才畫出一隻毛茸茸的小兔子（P.3上圖），她也覺得好快樂，因為時間已經不重要了！接著，她開始把她的畫分送給親朋好友，這是因為，她內在的愛和喜悅已滿滿的流溢出來了！

她越畫越快樂，頭腦越清晰，記憶力更好，她發現自己的行動力比以前更好，做家事也比以前更有效率。因此，她的信心也越來越增長。

專注於畫畫三年後，最近，她常常從夢訊息中，清楚的知道自己在靈界的提升進程，她靜坐的時間越來越增加，禪定的法喜隨之而來。

「我們透過創造，注意力向內，了解自己的內在有創造力，我們了解『創造力就是神明』，了解內在有神性。我們感悟到內在神性的時候，愛會自然的表達和流露。」

〜摘自：《神遊時空》〜

# 婚姻篇

## 勿以貌取人

勿以貌取人，要用心去感覺。
許多人的外貌是他們的掩護色，
外在的美麗不代表內在就是善良的，
閉上眼睛去「感覺」人們的氛圍，
雖然，最內在的神性是完美的，
但是，有些人因為恐懼和憎恨，
而去做傷害他人的事。
不要用肉眼觀察，要用「心眼」觀察。
～指導靈訊息

# 年齡與婚姻

有人因交往的對象年齡比她大十歲，家人極力反對。
指導靈給他們的訊息是：
婚姻是否幸福與年齡無關，
重點在**兩人是否「相愛」**。
如果相愛，所有困難都可以克服；
如果不相愛，所有人事物都可能是挑戰。
進入每一段關係都會讓他們成長，
在這時代，經常重新洗牌，不像古代的限制那麼多，
不用擔心現代的年輕人，這是他們成長的課程，
他們不會無緣無故認識，
他們有各自的神聖天心，
都是經過神聖天心的安排而相遇，
雙方的靈魂都同意在這段期間一起學習課程。
婚姻並沒有所謂的成敗，
或是有沒有在這段關係裡面淘到金，
婚姻課程的重點是：**無條件的愛**。
不要把「有條件的眼光」框架在人們的身上。
對於婚姻的課程，採取「**理性的態度**」是適宜的，
如果雙方在各方面「**旗鼓相當**」，
婚姻關係更容易和諧美滿，
因為，任何一段熱戀都會隨時間而冷卻。

## ✴ 共同成長

有位朋友非常希望配偶和自己一起修行，一起成長。
指導靈給的訊息是：
提升家庭的和諧與氣氛，
用無盡的愛心去包容他，
用重重的愛去感化他冰冷的磁場，
他也是天父的孩子，只是目前沉睡，
耐心等待他醒來，給他時間耐心等待他的成長。

練習隨順眾生的成長進程，
你做你該做的，你維持好自己的紀律，
但是，不要叫別人遵守你的紀律，那會令人生厭。
要讓人崇拜你，真心愛你，你要對他們完全包容。
你從自己的紀律中去感化他們，
當你的能量越來越強時，
他們才有機會修正他們的能量
～高高興興跟著你走，而不是你牽著他們的鼻子走。
愛每一個眾生，不是拉著他們跟我們走同樣的路，
讓他們自由，給他們最大的寬容和愛心，
因為有些眾生起步比較晚。

# ❀ 外遇的考驗

婉轉體諒是修行人的美德，
原諒眾生的錯誤是菩薩的責任，
我們不要憎恨任何傷害過我們的人，
心靈才能得到真正的救贖與釋放。～指導靈訊息

*1993*年練氣功之後，我把氣功師父的「百日築基」當作「一百天的精進修行」，很興奮的期待在這美妙的三個月內可以身心快速的淨化和成長。然而這一段時間，居然面臨了難以置信的婚姻危機。

對我而言，這項考驗的難度極高，我感到身心煎熬，幾乎要舉白旗投降了。每天就想著快快離婚，解決痛苦。依照我的個性和脾氣，根本無法容忍先生變心，所以逼著他辦理離婚手續。有一天他被我吵得受不了，載著我到法院門口，但是，車子稍停時，他突然改變主意，踩了油門又離開法院了。我很惱火，不想繼續忍受與他生活在一起的痛苦。我說：「你為什麼又不願意離婚了？你都已經愛上別人，不要再扯著我不放，我沒興趣搞三人行。」

他說：「我也愛妳啊！難道為了孩子們，妳都不想再努力一次？難道我不值得妳努力？我都發誓已經跟她斷交了，已經退讓到這樣了……。」

我心想，這是什麼話啊？是誰先變心的啊？我可不想活得這麼累，維持這種名存實亡的婚姻，多痛苦啊？而且我不想讓一個已經不愛我的男人繼續供養我，不希望在因果上虧欠他，所以我決定去租個店面做生意，獨力撫養孩子們長大。

隔了幾天我決定成全他，做最後了斷，再也不要一段剪不斷理還亂的生活，我想要重新開始過自己平靜的生活，所以就把他的衣服裝在一個大皮箱裡，然後，把他連人和皮箱一起推送到門外。我說：「真的很感謝你十幾年來愛心的照顧，現在放你自由啦！祝你跟她生活美滿！」然後狠心關上門，任他在門外，敲了半小時的門。回到客廳裡，孩子們都在罵我。

女兒說：「妳怎麼可以趕走爸爸啊？那我們就沒有爸爸了！」我平靜的說：「他現在談戀愛了，我們祝福他吧！如果他不愛我了，他想那女人時會痛苦，我也會不快樂！」女兒哭了：「可是我要我的爸爸啊！你怎麼可以把我爸爸拱手讓給別人啊？」我說：「以後我讓你爸爸每個假日來帶你們出去玩吧！」暫時安撫了就讀初二的女兒。

隔天我送兒子去托兒所，兒子的小手緊緊牽著我的手，走到老師布置的海報前，指著標明著爸爸、媽媽的兩張畫像，念著：「爸爸！媽媽！」眼睛專注的望著我。我知道他想爸爸了，兒子跟我要爸爸了！他希望同時擁有爸爸和媽媽。我心疼的親親他的小臉，安慰他說：「爸爸很愛你，我會讓他來帶你出去玩！」他認真的點點頭。

　　那段期間，許多親友為我擔憂，其中有兩位親友跟我說，要幫我去懲罰對方，有一位說要派人去砍對方的腿。我聽了真是嚇壞了，我趕緊阻止，我說：「你就別嚇唬我了，那太可怕，如果她沒有腿，她會生活很困難，我也會為此良心不安一輩子，我以後怎麼睡得著啊？」

　　還有一些親人罵我趕走先生，包括我最敬愛的父親，他說：「你離婚是想再婚嗎？」我說：「結一次婚就嚇死了，還要結幾次婚？更何況我有責任要專心陪孩子長大。」

　　父親說：「既然你不想再結婚，那就別逼他離婚了，離婚會有財產分割的問題，分割後你們的財力都各少一半。何況他是男人，他變心了，都還想要為孩子再努力一次，你是當媽媽的，難道不想為孩子維持一個完整的家？兒女沒有爸爸是很難教育的，孩子很需要父親，將來他們心理才能正常。如果家庭破碎了，你很難獨自教養他們。昨天你先生來求我幫他，我沒法答應，他居然跪下來哭

了，給他一次機會吧！」聽到這裡，我凍結在冰點的心開始動搖了！

先生每天早晚都打電話回來，問我可不可以回家了？如果不是為了孩子們想要自己的父親，說真的，我自己一個人生活還比較清靜快樂，不用去擔心他在外面幹什麼。

五天後，是星期六，我允許他來探視孩子。他回來了，髒兮兮的渾身汗臭味，鬍渣滿臉、和全身蚊子叮咬的痕跡，簡直跟逃犯一樣！原先是善意要放他去自由的，他怎麼會沒有選擇自由？我很是驚奇，天啊！我還想像他們正像羅密歐和茱麗葉一樣，神采飛揚的、歡樂的去逍遙度蜜月了呢！

原來那五天他下班後都睡在車上，連旅館也捨不得住，沒得洗澡。看看也滿心疼的，不忍心趕他走，讓他把皮箱拿回來，把髒衣服都拿去洗洗，讓他立即去浴室洗個香噴噴的澡，刮鬍子好好睡一覺。

女兒開心極了，兩歲的兒子不時走過來摸摸爸爸的臉。為了幫孩子真正賺回自己父親的心，我也振作起來，蓄起（少女時期的）披肩長髮，買了許多以前捨不得買的衣服，從內在到外在，把自己打扮起來，努力做一個最明亮的自己，每次遇到朋友時，就聽見她們驚呼：「你怎麼變那麼漂亮？」看起來「佛要金裝，人要衣裳。」是真

的！女人要多疼愛自己一點，不要為了省錢，忽略了打扮自己，免得省下來的錢讓先生陪著別的美女去享受。

假日全家去烏來、坪林溫泉泡澡、住小木屋、基隆海邊野營，到處走走玩玩，孩子們很快樂，北部附近山區充滿了我們的足跡，我們也重溫初戀時的樂趣。這時期我只是努力扮演好母親和妻子的角色，內心明白人間就像一場戲。

這段期間，我持續在心中念著佛號，修心養性，默默完成自己的「百日築基」。我知道，人間情愛不僅虛幻，而且短暫。我想超越世俗的情感，找到內在永恆的真理。所以，我從來沒有偏離修行的軌道。

外遇的考驗持續了一段時間，先生似乎一直與對方藕斷絲連。對我而言，這真是難以忍受的拉鋸戰。雖然我很想放手，眼不見為淨，但是雙方父母都不同意我們離婚。有一天，夜深人靜時，我忍不住對觀世音菩薩說：「停止這個考驗吧！再下去，我實在受不了，不要再考我吧！」

第二天早上，我四歲大的兒子，指著旁邊的牆壁跟我說：「媽媽！我剛才夢見，牆壁突然迸裂，好大的觀世音菩薩從裡面飛出來，旁邊一大堆的大鬼小鬼都嚇得跑光光！」大約一個小時後，奇蹟發生了！我先生打電話給寄宿在加拿大的女兒，但是，講不到兩句話，就被寄宿的親

戚給搶了電話掛掉。先生傷心的哭了起來，他非常擔心女兒被虐待，於是立刻訂了隔天的機票，我們一起搬去加拿大，外遇的事件就此落幕了！

事後，有人問我：「他曾對你不忠誠，你不恨他嗎？」其實我心裡還是很感謝先生這些年來對我的呵護和照顧，如果，他真的愛上別人，我雖然會傷心，但還是祝福他，能找到他的真愛。「感恩」對我來說是很自然的，這樣很開心！很舒服！

當別人對我們好時，就心存感恩！
當別人離開時，就祝福吧！

# 重婚的問題

　　由於一位朋友的先生因為工作在大陸，而另結新歡。
我向指導靈詢問訊息記錄如下：

問：台商在大陸另娶妻，台灣的妻子不是很無辜嗎？

答：不要批判，那是她們的業，是她們練習成長的方法，
　　她們在當中學習包容和真愛。

問：有關朋友及她的夢境？

答：她的先生在大陸另結新歡。
　　她的因果多在大陸，所以此行去大陸遇到兩次險境。
　　幸而，她在危急時，記得祈求內在師父幫忙。
　　因此，她在夢中看見靈性的愛海。
　　她目前像遇到大風浪的船，非常需要關心和安慰！

問：在這外遇課程中，台商學會什麼？

答：他們在不忠的情緒中，短暫的快感帶來長久的無奈。
　　他們終究得面對因果的情況。
　　讓別人極端痛苦的人，自己也無法真正快樂。
　　如果他們沒有懺悔和改變，
　　在下一世中，他們將自卑而且頹廢。
　　他們變成受害者，那是因果輪替的情況。

# ❋ 信任與懷疑

　　有些人經常懷疑配偶有外遇，懷疑是一種負面的創造。小時候，常聽長輩說：「嚴官府，出厚賊。」在婚姻方面，也是同樣的道理。越是懷疑配偶，越是嚴謹監管配偶的人，越容易發生外遇的情事。

　　建議練習心想事成的創造方法，時時都信任配偶的忠誠。正面的創造，可以為夫妻雙方都帶來正面的能量，婚姻生活會更快樂。修行也是在生活中練習保持快樂的過程。

　　曾聽聞，有一位富豪丈夫徹夜不歸，他的妻子很生氣，不斷質問昨晚去了哪裡，丈夫起先不肯說，妻子還是咄咄逼人的問，你昨晚究竟跟誰在一起，最後丈夫受不了，說：「妳真想知道我昨夜跟誰在一起嗎？」這時，妻子忽然打住，她心裡明白，如果揭露真相，一定會鬧離婚。那麼，她不僅失去丈夫，孩子們也會失去父親，富豪太太的身分以及龐大的家產也幾乎拱手讓人。妻子衡量了利害關係後，只好忍下來說：「算了！我不想知道你究竟去哪鬼混，你以後最好早點回來。」知道事情背後的真相，不一定會更快樂，有時，還必須睜一眼閉一眼。當一位妻子也要有智慧才能保住婚姻！

# ❄ 愛情保鮮劑

放手，給配偶自由的時間和空間！

許多人剛結婚時，一直想和配偶膩在一起，想要無時無刻攜手共度。但是婚後幾個月後就開始相處不愉快了。有位新婚妻子跟我抱怨，先生開始冷落她了。

我說：「妳想離婚嗎？」

她說：「我才剛結婚，怎麼會想離婚呢？」

我說：「可是妳的作法是想離婚的做法啊！男孩子在未婚前很自由，他們習慣這樣的生活，如果妳想牢牢控制他的生活，他會覺得婚姻生活很痛苦，就像在監獄牢籠中，一定會想逃走。所以要學會欲擒故縱，讓他們在家裡也很自在，讓他像婚前一樣，可以自由的做自己喜歡做的事情，這樣婚姻才能長久。」

她說：「可是，他沒陪我，我會很寂寞啊？」

我建議她也要像未婚時的心情一樣，多學習新事物，多做自己喜歡的事，多和朋友們交流，保有自己獨立自主的生活，這樣才不會覺得無聊而整天想跟先生膩在一起。

我先生有一位同事，每天下班回到家附近，就睡在汽車的駕駛座上。許多次他的妻子焦急的打電話來詢問，問我先生可曾看到他先生下班了？雖然，我們都知道她先生此刻正在她們家大樓下方的路邊熟睡，但我們也深知這位妻子的個性，為了讓他先生有個清靜的休息時間，我和先生都三緘其口。有時候，給彼此一些時間或空間是美好的，對婚姻的持久和保全是有幫助的。

# ❋ 情人節禮物

　　情人節晚上，老公說：「不好意思！沒買禮物給妳！」我溫柔的擁抱他說：「你今天整天都陪著我，我感覺到你的心都在我身上，你是我最大的禮物！我最喜歡的禮物！你把自己送給了我，你應該在自己身上紮一個大大的蝴蝶結！」他微笑著親吻我說：「只是不知道蝴蝶結應該紮在哪兒？」

　　女兒聽了說：「哼！沒誠意，一個禮物也沒有！」
　　我說：「妳難道不明白羊毛出在羊身上的道理嗎？我們的存款是共有的，他拿錢去買些我不需要的禮物，我會開心嗎？其實，前幾天他陪我逛街時，就問我需要什麼禮物？我說都不需要啦！」

　　女兒說：「也是喔！上回陪爸爸去買禮物，好不容易狠下心，買條鑽石項鍊送給妳，第二天就被妳逼著退回去了！」

# ✳ 情感的獨立

　　有位朋友當初為了陪伴孩子出國留學而移居加拿大，目前在多倫多有一個穩定的工作。此外，她還投資了幾間房子，經濟生活相當穩定。她的孩子已經順利大學畢業，目前在中國工作。但是她常抱怨她的先生與她分居兩地，而且拒絕她回台灣的家。這樣的情況已十二年了，她一直希望夫妻能長住一起，而先生永遠都在拒絕她，她內心深感受傷。她常常頭痛、失眠，而且認為自己的不快樂都是先生造成的。

　　其實，這是一個情感獨立的課程，學習在情感上不依賴任何人，除了自己，沒有任何人應該為我們的快樂負責。我們的幸福，不是別人能給我們的。不要想要依賴父母、配偶、孩子、或任何其他人。我們可以為自己的生活創造樂趣，多結交良友，多學習新的事物，閱讀、寫作、唱歌、跳舞、蒔花、養草、登山、健行、旅遊、繪畫、攝影、藝術創作…。開心的學習多彩多姿的事物，感覺自己永遠在人生的黃金年齡，活在人生的春天裡。有一個很容易讓自己快樂的方法就是「助人」。有能力時，盡量多幫助別人。其實，**萬物同一體，助人就是助己**。助人時，很容易提升自己的能量和生命力。小時候我們都背過這一句「**助人為快樂之本**」～就把它應用在生活中吧！

# ✳ 夫妻的性生活

　　許多人前來詢問夫妻性生活的問題,社會新聞中,也有因誤會而發生悲劇的驚悚個案,所以在此特別提出個人的見聞與想法。

　　我有一位好朋友,年輕時與先生感情很好,總是出雙入對的。但中年後,先生逐漸對她冷淡,常常躲避她。因此,她開始懷疑先生有外遇,常常跟先生吵架。離婚後,才發現完全是誤會,他先生只是有性功能障礙,根本沒有外遇對象,離婚後依然是單身,就在另一條街上租屋獨自生活,原本相愛的兩人,卻從此咫尺天涯,美好的家庭就這樣破碎了,這是我接觸的許多類似案例之一。

　　四十多歲時的離婚率相當高,其中一個可能的原因是,中年男性體能開始下降,有些男性開始害怕妻子主動,因為他們的生理不是隨時都可以做愛的,如果他們沒有需求或欲望時,這時妻子突然找他做愛,他會非常緊張,覺得自己難以滿足妻子。有些丈夫為了躲開性欲強的妻子,甚至找藉口,或裝作有婚外情,最後導致離婚。

　　其實,有性功能障礙的男性並不少。我有個朋友在診所工作,她說有許多男性,包括高大威猛的肌肉男,都

來拿「威而鋼」。建議男性若有性功能障礙，對於自己的妻子，不要羞於啟齒，最好勇敢的說出來，與妻子一起討論和解決，大部分的妻子都可以諒解與配合的。大多數女性對於性的需求並不大，女性真正渴望的是被愛以及被呵護的感覺。許多男性並不了解女性，總把女人想成如狼似虎，其實，女性更喜歡的是溫柔體貼的陪伴，而不是老守著床笫做那件事情。

　　婚姻生活中，最珍貴的是無條件的愛與交流，夫妻可以一起培養共同的興趣，比如：閱讀、運動、旅行、繪畫、烹飪、看電影、聽音樂、喝咖啡談天等等。夫妻可以一起學習，一起靈性成長，一起完成共同的理想。夫妻在一起有許多事情可以做，若加上一些創造力還可以更富有變化。

　　在此誠心的祝福：
　　每一對夫妻都能過著和諧、充實、美滿的婚姻生活！

# 親子篇

# 🏵 百善孝為先

「百善孝為先」這個古老的訓勉，至今仍然是一項真理。靈界對於孝敬父母的人加分最多，那些功成名就或享有人天福報的人，多半是非常孝敬父母的。

在我年幼時，父親的薪水都要分成兩等分，一份給住在家鄉的祖父母，一份留著家用。每當祖父母來台北時，母親會立即小跑步到附近的市場，買最好的菜做給老人家吃，甚至還買昂貴的水蜜桃或其他水果，儘管平時我們家是非常省吃儉用的。母親都會私下跟我們說：「老人家需要補補身體，你們這些孩子長大以後有的是機會可以吃。」

祖母因為眼疾很年輕就看不見了，因此有了自卑感。有一次她私下問我：「你媽媽介意有我這樣盲眼的婆婆嗎？」

我說：「哪裡會啊？媽媽常向鄰居稱讚您，說您眼睛看不到，還養育了七個孩子，洗衣、晾衣、燒飯，還幫媳婦坐月子，她覺得您真是太棒了！」祖母聽了之後，很安慰的露出她那慣有羞澀的微笑。

我的母親喜歡給予公婆營養的食物，而我父親表達孝心的方式則是給予精神的食糧。住在通霄時，父親每天下班回來，就陪著祖母談天，然後述說歷史故事或經典小說給她聽，像是水滸傳、諸葛亮、西遊記等，他想排解祖母平日的寂寞，而且幫她增長知識和智慧。父親說故事相當生動活潑，許多親戚都聞風而來，津津有味的旁聽。

　　祖母的心很寧靜、記憶力非常好，雖然沒上過學，數學方面，她學會心算加減乘除，中文方面，她可以把父親說給她聽的故事，全部深深的記憶在腦海中。在我幼兒時期，祖母就經常說這些故事給我聽，我覺得她老人家彷彿是一字不漏的在講，尤其是孔明草船借箭的故事，我聽了深深佩服這位歷史上的優秀人物。就學後，我特別喜歡去圖書館借閱這些膾炙人口的歷史小說，也因此養成愛好閱讀的習慣。（編輯至此，綜觀了我的家族故事，我才發現，父親說故事給祖母聽，祖母就說給我聽；父親幫祖母增長知識和智慧，祖母就幫我增長知識和智慧。凡是給出去的，一定會回來，這美善的循環，也證明了萬物同一體。）

　　有一回，家母發現身體有些症狀，全家人大為緊張，正好有人介紹高雄阿連有一位開天眼的居士，這位蔡居士看了我母親之後，就說：「你們積了許多陰德，這點小病很快就會好！」

這時來了一對年約六十出頭的老夫婦想請教問題，沒想到蔡居士不願接待，他們就跪在地上不肯起來。蔡居士無奈的說：「跪我有什麼用呢？幾億的龐大家產都敗光了，現在只剩下幾千萬和外面那部賓士車了，我能幫你們什麼忙？對父母不孝順，有錢就縱容兩個兒子在外頭養小老婆，還慫恿兒子媳婦吵架離婚，現在孫子、孫女，只好自己養啦！自己造的孽，能怪誰？」

　　那兩夫婦就掉眼淚了，又拼命求蔡居士指點，蔡居士深嘆一口氣說：「不是我不想幫忙，是你們做得太過分，又奢侈浪費，福報都快用完了！對待媳婦又那麼狠心，別人的女兒，就不知疼惜！你們回去之後，如果能夠痛改前非，重新做人，剩下的錢和車子，尚可保有，否則連那些福報都會被上天收回。」

　　蔡居士指向我父母對那夫妻倆說：「他們夫妻一生孝順父母、公婆，善待家人朋友，雖然年輕時一貧如洗，卻常常幫助別人，樂善好施。自己努力用功讀書，白手起家，學業事業有成之後，還持續鼓勵年輕人求上進，現在他們的福報比先天的命定數大多了，而且還可庇蔭和利益他們的後代子子孫孫。」

　　蔡居士甚至細說我母親幼年喪母，獨力辛苦帶大幾位年幼的妹妹。來到婆家，則善良的照顧公婆，就算被誤解了，也仍然默默的善盡孝道。日日用心的勤儉持家，將自

己的兒女撫育成人，也幫忙弟妹或有緣人照顧嬰幼兒⋯。我父母親都很驚奇，這位居士根本不認識他們，卻將他們對待父母公婆的許多不為人知的愛心付出如數家珍。

由於蔡居士提起許多連母親自己都已經遺忘的往事，母親當場淚如雨下，她說她都不知道自己經歷了那麼多的苦難。居士安慰母親：「別難過！**積善之家必有餘慶**！妳幫助這麼多人，妳的壽命會很長的。」

# 孕育善緣子

　　女兒有幾位同學婚後很想有孩子，可是一直無法如願，醫生說她們的體質很難受孕。女兒帶她們來問我該怎麼辦，我說當年想生第二胎時，九年一直無法受孕。後來，我是焚香祈請觀世音菩薩送我孩子，誠心念「觀世音菩薩普門品」，我夢見觀世音菩薩來幫我醫病，還送我兒子。

　　她們聽了之後，就向我拿了一本普門品回家念。其中一位沒有多久就懷孕了，生出了兒子。接著她想再生一個孩子，又繼續念普門品，又生了一個女兒。她介紹她的朋友念，也如願生了孩子。後來，她乾脆就把這本「普門品」當作她家的寶物供在神桌上。

　　想要求子的人可以試試看，先吃素焚香，然後向觀世音菩薩祈禱：「請觀世音菩薩送給我一個相貌莊嚴、身體健全、福德智慧之子。」如果想要生孩子，先誠心向宇宙預約一位善良有智慧有福氣的靈魂，來做我們的孩子，這樣更有機會是善緣來的好孩子。

# ⚬ 幼兒的感知

　　嬰幼兒其實是很敏感的，他們剛剛從靈界來到物質界，對地球生活感到相當陌生。一般人認為嬰兒什麼都不知道，其實他們只是還不能說話，但是有一些嬰兒還擁有前世的記憶。比如瑜珈之龍的作者尤伽南達，出生時清晰的記得前世在喜馬拉雅山上的修行生活。有些嬰兒的靈魂年齡可能比我們大，生生世世的經驗可能比我們豐富，對於宇宙的知識也知道得更多。

　　我有位親戚在嬰兒時期，若有能量複雜或情緒負面的人靠近她時，她就會煩躁哭鬧。若有抽菸或喝酒的人靠近她時，她會渾身發癢、身上起小疹子，所以她幼年時就很怕陌生人靠近她。

　　長大後，她曾經託我幫她查潛意識，我查到她在嬰兒期的感覺，她覺得空氣裡瀰漫著煙味（她的父親年輕時抽菸），房子很小、人很多、很擁擠。（當時他們家只有十坪大，卻住了八個人，而前世她是歐洲貴族，擁有寬敞的古堡，因此剛投生時相當不習慣。）

　　嬰兒期的她，還注意到媽媽的門牙有一顆金牙，她覺得俗不可耐。每當她媽媽要餵奶時，她就開始大哭，不肯

喝奶。為了讓她進食，指導靈只好派一位鄰居前來提醒。那是一位穿著時尚的鄰居，她問：「妳年紀輕輕的為什麼鑲金牙？因為有蛀牙嗎？」嬰兒的媽媽說：「我的牙齒很好沒有蛀牙，只是那陣子我們家鄉注重時尚的人都去鑲金牙，我以為那是流行趨勢，所以也去鑲一顆。」那位太太好心的勸她媽媽：「很慫啦！一笑就黃澄澄亮晶晶的，台北沒有人這樣做的，可以換掉就把它換掉吧！免得影響妳的高雅氣質。」她的媽媽聽了鄰居的忠告，立即去找牙醫把那個金牙套去除了。這是她嬰兒時期的事情，她的頭腦完全不記得，卻藏在她的潛意識裡。之後，她向媽媽詢問，證實確有此事，我們都覺得很有趣。

……❋……❋……❋……

我的兒子學會說話之前，我和先生都在猜，他會先叫爸爸還是媽媽？有一天，我們終於知道他講的第一個字是什麼？那天，我和先生看到住家附近有一間新房子正在出售，就興奮的抱著兒子去看那間房子，準備要買。

到了房子裡，我們很開心的討論價格準備要下訂金時，突然一歲的兒子跳到我身上要我抱，而且神色恐懼的指著廚房說：「鬼！」我和先生停頓了一下，但沒理會他。我們以為他還不會說話，只是不小心發出這個音，所以我們繼續討論，要出價多少買下房子。

這時，兒子又說話了：「鬼！」這次他的發音更清楚了，見到我倆還是不理他，他就用越來越大的聲音說：「鬼！鬼！鬼！」我和我先生面面相覷，寒毛直豎，二話不說，帶著兒子跑出那房子。後來我們才聽說，那間房子的基地曾經有兩座墳墓。

　　有一天，我說：「太陽下山了！天黑了！」當時才兩歲但平日寡言的兒子卻大笑說：「哈哈哈！才不是太陽下山了，太陽只是被地球的影子擋住了。」我困惑的望著他，想像他是從太空中哪個星球的角度來看地球？才會得出這樣的觀點？兒子小時候曾跟我說：「我常常都是從天花板上看下來，看到你們每個人在想什麼！或是做什麼！所以我知道你們的所有想法。」原來他小時候一直是用「靈魂的視野」在看我們。

　　……✳……　✳……✳……

　　每當我知道親友家裡有新生兒日夜哭鬧，我會找機會去和那個嬰兒說話：「我知道你剛來地球很不習慣，因為什麼事都要靠大人，還得吃奶、包尿片，充滿無力感。但是人世的時間很快就會過去了，你再多喝幾次奶，就會發現自己已經可以走路。長大了以後，你可以去學校讀書，學習許多新事物，你會很有成就感。所以你要開心起來，好好的喝奶，乖乖的睡覺，快快的長大。不要吵父母，免得他們為了照顧而太勞累，你讓他們好好的睡飽，他們身

體健康，才有精神好好陪伴你，照顧你長大。」基本上，寶寶都會眼睛張大認真的盯著我看，也聽得懂我說的話，開始減少哭鬧了，因為他們發現有人能夠了解他們，他們並不孤獨。

　　許多人認為嬰兒什麼都不知道，不跟他們說話，或對他們亂說話。事實上，許多嬰兒聽得懂大人在說什麼，而且大人的言行舉止，都會影響他們這一生。所以，和小寶寶在一起時，我都會很尊重他們，溫柔的跟他們談話，每次我讚美小寶寶可愛、漂亮或是英俊的時候，他們都會露出很開心的表情。

　　我們可以從嬰兒誕生就開始與他們做好朋友，除了照顧他們的身體成長之外，與他們談天，說故事，可以幫助他們發展思維；唱歌或播放音樂給他們聽，可以紓解他們的情感；多讚美他們，幫助他們建立自信心，他們這一生就更容易健康快樂的成長。

# ✳ 受驚的孩子

　　許多初為人父母者，總是慌張的半夜打電話來問：「我的寶寶似乎受驚了，啼哭不已，而且發高燒了，怎麼辦！」

　　我通常會問：「在孩子生病發燒之前，你們夫妻曾經在寶寶面前吵架嗎？」結果，通常都被我說中了！

　　小寶寶在各層面都是相當敏感細嫩的，在寶寶面前說話一定要溫柔，有愛心。若是大呼小叫的，很容易驚嚇到小寶寶。所以，夫妻感情要融洽，在溫馨的家庭氣氛中，小寶寶自然會健康開心的長大！

　　我觀察到，當父母正在鬧分手時，小孩很容易生病。因為孩子擔心失去父母，失去依靠，不知未來如何生存，所以恐懼到身體出問題。為人父母者，無論如何，都要盡量為孩子、也為自己，保持家庭氣氛的和諧！

# 孩子的性向

　　每一個孩子的性向不同，就算是雙胞胎，也是兩個不同的靈魂來投胎，有不同的宇宙經驗，有不同的性向和專長。我女兒的記憶力和語文能力都很強，幼兒期她看卡通時會一直對照字幕，小小年紀就拿著一份中文報紙，念出頭條新聞，我很驚訝的問她從哪兒學來的？她說是看卡通學的。

　　但是，我的兒子不喜歡學中文，對英文也沒興趣，甚至很少開口說話，然而他的數學很好，也擅長電腦的軟體。後來我引導他做過一次深層溝通，他查到他是來自一個高科技的行星，那個行星上的人都擅長運用電腦。

# 陪伴和閱讀

　　自從兒子就讀幼稚園起，我通常會在每日的晚飯後，陪他一起做功課，順便預習數學。有時我會陪他一起閱讀英文課外讀物，讓他說說閱讀後的感想，也聽聽他說學校裡的趣事。我們像知心的朋友一樣，相處時總是說說笑笑的，因此，我們一起共度了無數個愉快的夜晚。

　　兒子申請到大學那天，很興奮的跑來感謝我！

　　他說：「媽媽我能上這所好學校都是你的幫忙！」

　　我說：「哪有啊！我能幫什麼忙？我只能教你數學直到小學畢業，中學以後都是你自己念的。」

　　他說：「就是因為小學時你幫助我在數學方面打下良好的基礎，讓我對數學越來越有信心，所以後來很喜歡數學，是你讓我覺得讀書可以輕鬆愉快，不必給自己太大壓力。可是我有許多同學，小時候成績跟我差不多，但是他們的媽媽忙著工作賺錢，沒空陪伴他們讀書，他們對於讀書缺乏興趣或是備感壓力，許多同學無法進入自己喜歡的學校和科系，我覺得好可惜！」

美國總統老布希的妻子芭芭拉常對孩子說：「朋友！你最好自己拿定主意，要不然就得聽我的。」這一句話幽默而且中肯。她的第三個兒子患有閱讀困難症，醫生告訴她「親子閱讀」是對這孩子最好的良藥。她就卯足了勁，努力陪伴他學習，兒子也因此有了很大的進步。後來她的愛心擴展到幫助其他種族的家庭教育，惠及廣大的人群。

　　教育是日日的滋養與陪伴，每天找一段時間陪著孩子成長，自我也同步成長。為人父母者，都希望子女幸福，只要每天滋養一點點，孩子的幸福指數就能節節升高，千萬不要忽視自身的力量。

　　有位朋友在修行求道的過程中，忽略了自己的孩子。
我給他的建議是：
靜下心來！好好陪伴孩子成長。
這是為人父母所能為孩子做的最有價值的事。
用你的愛心耐心和智慧培育自己的孩子。
我們的神性可展現在日常生活的細節中，
不必日日渴望著開「天眼」，
我們最需要的是開「心眼」～愛心之眼，
覺知家人的需要，供給家人真正的需求，
先把自己的天職做好，這就是修行的一部分。
專注於當下孩子的成長，
好好培育孩子～這是為人父母最重要的任務！

# ✳ 親子談心記

　　昨晚兒子一定要把奶奶、外婆與阿姨送給他的申請到大學的大紅包和我分享一半，硬說他能進大學都是我幫的忙！兒子還一本正經的說：「媽媽！我擔心以後我教我的孩子，沒有妳教我這麼好！」我都被逗笑了，說：「我都不知道我教了你什麼？如果有，也就只是教你如何愛別人！」

　　兒子說：「可是我覺得因為妳是我媽媽，我現在才會活得這麼好，我許多同學他們都活得很不快樂，他們生活都很茫然。」

　　我說：「我只是教你沒有恐懼！你現在有恐懼嗎？」
　　他認真的想想：「沒有！我想不出我害怕什麼！」
　　我說：「其實你帶給我許多快樂，你本來就很可愛，溫柔、聰明、善解人意！你和姐姐都很優秀，所以我有你們就很開心了！」

　　我們母子談到凌晨三點，還意猶未盡！

# 子女的學業

　　有些父母非常重視學歷，而且把自己的價值觀套用在孩子身上。雖然，子女的身體是父母所生，但是，他們有自己的靈魂，自己的生命藍圖，自己的人格特質，也有自己的人生觀。為人父母者，如果硬把自己的人生觀套在孩子身上，常會造成孩子內心的矛盾，並且與父母間產生對立和衝突。

　　曾經看到一則台灣的新聞，有一位母親痛失愛子。由於她要求兒子一定要出國留學，而且要念到博士。然而，這孩子並不喜歡念書，但是從小學開始，母親的教育就十分嚴苛，他又不敢忤逆母親，因此深感痛苦。他在國外取得博士學位之後，選擇自殺結束了他年輕的生命。

　　這則新聞讓我百思不解，為何這個孩子不能了解母親的苦心？為何選擇以死亡懲罰母親？對他自己而言，苦讀幾十年，好不容易成就了博士學位，為什麼要輕生？

　　有一天，我在靜心中忽然收到有關這個孩子的訊息：
　　在他埋頭苦讀的這些年中，他變得痛苦抑鬱，思維與正常人不同，逐漸失去了寶貴的生命力。在他努力達成母親心願成為博士的那一天，已經沒有活下去的意志力了。

更沒有能力回到台灣，告慰他那望子成龍的母親。他覺得死亡是他的終極解脫，所以他選擇放棄生命。

在台灣，有許多父母對於子女的學歷相當重視，其實，行行出狀元。我有位同學，畢業後，將大專畢業證書束之高閣，選擇在山區種花養草。假日的時候，他就去花市賣花，生意很好，生活很富裕。由於養花蒔草，常常接近大自然，也有正常的運動，雖年齡已達六十五，身體依然健康強壯，生活自由自在、幸福快樂！可見，擁有一技之長，一樣可以開創美好的人生。

另一個類似的案例，卻有相當不同的結局。多年前，我有個房客是從中國大陸來到多倫多大學攻讀博士的，他讀到第七年時，可能學業壓力太大了，精神發生異常現象。搭機返鄉的途中，覺得無顏見家鄉父母，想自殺了結生命，所以從國內機場的二樓跳下來。幸好只是摔斷了腿，被父母接回家治療。

後來，他又回多倫多再讀一年，因為他一直說他殺了他的德裔前房東，他很害怕，覺得冤鬼老是跟著他，所以精神病老是好不了。我還記得他精神病發作的那個深夜裡，他恍惚中看到冤鬼，雙手揮打了牆壁，因此受傷流血，我和女兒一人扶著他的一隻手，帶著他去醫院急診。當時他渾身發抖，極為恐懼，一直說房東冤鬼跟著他。

我覺得他平時是一個聰明乖巧且善良的孩子，我和我女兒都不相信他會殺人。我們一直問他是用什麼方法殺了前房東，他卻怎麼都想不起來。我們覺得他很可能只是幻想他殺了人。所以我和女兒專程去探訪他前房東的家，沒想到他所說已被他殺死的前房東，居然活得好好的，還一直稱讚他是好孩子。我們趕緊帶他去看看前房東，他發現自己其實沒有殺人，感到非常開心，病就自然痊癒了。後來，他順利拿到博士學位回鄉，喜劇性的收場。

約一年之後，他的父親寄來家鄉土產禮物給我們，說非常感謝我們把他那原本以為已經病到無藥可救的兒子醫好了，還說他的兒子常常說，他在多倫多遇到兩位天使（我和女兒），使他真的復原了。現在他已找到工作，能過著正常人的生活。

整個事件回想起來，只能說是天意吧！因為他平時是很善良的人。當他精神病發作時，發生了一連串的危機和奇蹟。他能夠大難不死，應該是祖上積德，上天保佑吧！

父母若希望兒女有成就，自己平時就要多多行善布施與積德。四維八德並非口號，而是要在生活中實踐。我們平時多幫助別人，多愛護別人的孩子，上天自然會照顧我們的子孫。因為，萬物同一體，幫助別人就是幫助自己！

# ❊ 無條件的愛

　　與父母、孩子的關係，都要有「無條件的愛」才能過關。何謂無條件的愛？無條件的愛是付出不求回報。人多數的父母，無論孩子是否身體健全、是否長相甜美、是否優秀、是否善解人意，都是珍愛的把他們保護在羽翼下，這就是無條件的愛。

　　有一位老先生，雖然有愛心但脾氣很暴躁，兒女都很怕被他罵，所以躲著他。上回我們談天時，他談到子女，忍不住又發火了，他說：「他們不關心我、對我太冷淡，我不留財產給他們。」我說：「父母對子女的愛，不是無條件的嗎？」他思考了好一會兒，無法說出一句話。

　　事實上，我們真正的父親是天父～我們的造物主。祂對我們的愛更是無法用言語形容，祂送我們到地球上遊玩和學習，讓我們可以在時空中體驗和歷練，祂分秒都與我們同在，我們的每一個起心動念祂都知道，祂陪著我們度過每一個晨昏，知道我們每一份喜樂與哀愁，祂陪著我們成長，直到我們學會**無條件的愛眾生**。然後我們終於學會以天父的意志為意志，開始可以陪著眾生學習和成長。靈修者最終要達到「無條件的愛」，宇宙自然會為靈修者打開方便之門，能夠一探究竟，了知宇宙的奧祕。

# 人生是一場遊戲

　　當我們玩電腦遊戲時，輸了可以重來，對吧？！如果肉體死了，我們會回到真實的世界去挑選一具我們喜歡的身體，然後再到地球挑選一對父母，可以適合我們下一輩子的挑戰。假設，我們在下一世的遊戲中，想當科學家，我們可以去比較文明的國家出生，父母也是比較開明的，他們支持我們做科學研究。我們從真實的世界看地球時，我們知道在地球的生活其實只是一場比較長、比較複雜、困難度極高的、看起來很逼真的一場遊戲。

　　當我們越來越知道自己是在一場遊戲中時，會很容易跳脫角色，了悟我們的真實本質。當我們悟出這只是一場遊戲後，自然會比一般不知情的人更理性，更從容自在的遊戲人生。

第六部

# 解析夢訊息

夢是重要的訊息來源，建議床頭放一支筆和日記本，醒來時，盡快把夢記錄在日記裡面。有些夢訊息可以幫我們或別人解決一些事情，以下列舉幾個夢訊息。

# ❄ 求救

　　我夢見一位四十幾年不曾會面的同學，帶著他的小女兒來找我求救。

　　過幾天，我看見他的妻子在網路上發出他的病危通知，她說準備去買棺材了。為了這個在夢中求救的同學，我臨時決定買機票，從多倫多回台北，看看能為我的同學做點什麼。

　　到了臺大醫院，我看見呼吸急促，垂死掙扎的同學，我問他的妻子，究竟他與小女兒間發生什麼事，使他生病了？她說，父女吵架吵得很激烈，同學很憤怒，忽然中風倒地。我問她為何放棄治療先生。她說：「因為擔心他以後四肢有後遺症，所以放棄治療。」

　　我發現我的同學意識還很清楚，他很想活下去，只是不能言語。我問我同學，是否記得我是誰，他居然艱難的微弱的說出我的名字。我覺得他應該會復原。

　　我對同學說：「如果你想活下去，就握緊我的手。」他很努力的握我的手。於是，我鄭重要求他的妻子，讓他接受治療。她說：「他這樣會拖累我們全家。」

我說：「可是他想活下去，妳不救他，等於殺了他。**人的靈魂是不會死的**，如果妳讓他肉體死了，他的靈魂會來找妳算帳的，到時候妳也不可能平靜的過生活。」她被我說動了，當天簽字讓她先生接受治療，我的同學才撿回一條性命。

# ✤ 地毯

　　有位朋友，搬進郊區新房子後，先生失業了，運氣很不順，總是跟我訴說。我想幫忙，卻不知從哪裡著手。有一天，我夢見去她家，看見三片暗褐色的地毯，我拿水管噴洗那些地毯，裡面一直流出血水來。醒來後，我打電話問她，是否有那樣的三片地毯？她查看了一下，真的找到大小不同的三片暗褐色地毯，是由一片分割的，分別鋪在不同的地方，那是前屋主留下來的。我說：「扔出去吧！那地毯有問題，會影響你家的運氣。」她立刻就把地毯扔出去了。

　　當晚，打坐時，一個外國女子的靈體出現在我面前，面容很難看，我說：「其實真正的妳不是長這個樣子的，妳是上主完美的孩子，請展現妳美麗的面容！」她立刻變回生前金髮碧眼的面貌。她說，她本來住在地毯上，現在被丟到戶外了，她覺得很冷（當天屋外氣溫低於零度）。我問她怎麼會住地毯上？她說，之前，她和男友在地毯上吸毒玩樂時，男友不小心失手弄死她了。

　　當下，我呼請天使帶她回靈界，她隨著天使離開了！不久，朋友的先生找到高薪的工作，家庭運氣轉好，經濟也變富裕了！

# ❋ 真相

　　林媽住在非常偏僻的山下，種田維生。她有個女兒，十八歲時，忽然在男友家因腹痛而猝死，林媽難以相信，也非常不捨，很想知道真相。

　　有一天晚上，她夢見女兒前來，很傷心的對她說：「我不是生病死的！而是因為男友的父母嫌我體弱，不能幫忙種田，不希望我當他們的媳婦，趁男友外出工作時，夥同大哥三人強灌我喝下毒藥，我因此腹痛而死。但是，千萬不要去警察局告發他們的罪行，因為我男友很愛我，也愛他的父母。失去我，他已經很傷心，我不希望這事情鬧大，男朋友又得痛失父母了。」

　　此外，我也得知過去世的因果關係，前世我仍是一個小孩時，因為玩火不慎燒死他們三人，而結下這個惡緣。我希望事情到此為止，不要再冤冤相報。這一生倉促來去，沒能善盡孝道，還讓您如此傷心牽掛，請您原諒！」

　　林媽得知真相後漸漸釋懷，她依照女兒夢中的交代，沒有向對方追討人命。她繼續種田維生，過著單純簡樸的生活，目前已經九十幾歲高齡了。

# ❄ 養小雞

　　夢有時看起來很無厘頭。前幾天夢到不知道誰送來一屋子的小雞，那黃色毛茸茸的樣子看起來天真可愛，不過我不知道該餵牠們什麼食物，所以把牠們留在屋裡，然後出去忙我自己的事了。等我回來，滿屋子的小雞幾乎都乾乾扁扁的，半死不活的。雖然心裡感到有點遺憾，不過，這也不能怪我，誰叫他們無緣無故送來那麼多小雞，誰有本事養啊？

　　我知道，這夢境象徵靈界送了許多小靈魂給我照顧。我與兒子討論這個夢。他說：「養小雞很簡單！陪伴牠們成長就好了，給一點點食物牠們吃了自己會慢慢長大。」

　　我：「我情願養大雞，省麻煩！」

　　他：「這幾百隻小雞養大了，你就擁有幾百隻大雞，怎麼會只想養一隻大雞啊？小雞就像小嬰兒，你只需要跟他說，天黑了，是因為太陽下山了！不需要跟他詳細說，天黑了，是因為地球是圓的，太陽轉到地球另一邊去了。不需要跟他們說深奧的道理，等他們長大自然會了解！」

## ❋ 接納異族

　　有一天，我在夢中看見一位好友在電話中對她的朋友說：「我等一下要出門，兒子要帶我出去玩，所以妳不用來看我了！」其實，她並沒有出去，那只是一個藉口。

　　第二天她打電話找我，我問她：「妳明明在家，為何告訴人家，妳兒子要帶妳去玩？」她嚇了一大跳，說：「妳怎麼會知道我昨天跟朋友說的話？」說完她立刻就趕來我家與我密談。原來，她的女兒嫁了一個非洲人，剛剛生了孩子，她幫女兒帶孫子，可是這孩子皮膚是黑色的，一看就有黑人血統，她覺得很丟臉，所以不讓客人上門，也不願讓女婿進門。

　　我問：「究竟是女兒的快樂重要，還是面子重要？」
　　她說：「如果你女兒嫁給黑人呢？」
　　我說：「婚姻是看緣分，如果她真的想嫁給黑人，我還是會接受，因為，那是她的選擇。我認為女兒喜歡的人，我們做父母的應該要接納，而且有許多黑人心地很好，也長得很好看啊！無論如何，我一定會祝福我的女兒和女婿！」

她回去以後，立即接納了女婿，歡迎女婿到家中玩。隔了幾年，她摔傷頭部，女兒女婿把她接去他們的家中，無微不至的照顧到她完全回復健康，才讓她回家。

.

# 破鏡重圓

　　有一天我夢到朋友的母親說：「我可以去你家玩嗎？」我說：「當然可以啦！」夢中，我看到她與先生帶著兒子和媳婦還有三個孫子來。隔幾天，朋友打電話給我：「我爸媽計畫去多倫多旅行時也去拜訪妳，我怕他們打擾妳，所以已經幫他們訂旅館了。」我說：「我夢裡是歡迎他們住我家的，我們的靈魂已約定好了！」

　　幾天後，她的父母來了，決定退掉旅館住在我們家，因為他們覺得住我家比較有安全感。談到兒子的婚姻問題時，她母親說：「沒辦法幫忙了！因為兒子有外遇，所以，媳婦鬧離婚，帶走了三個孫子，真是遺憾！」我說他們還會和好的，因為他們的靈魂彼此相愛，還是想在一起共同生活。朋友的母親不信，因為她兒子已經快要跟外遇對象結婚了。

　　我說：「妳兒子會聽妳的話，妳勸勸他，他們真的可以再復合的，他們遲早會團圓的！」

　　過了幾年，她的兒子和媳婦真的破鏡重圓了。目前，他們也已經當了祖父母了！

# ❋ 三十六道怪風

　　去年，我們這裡有一道怪風，吹走許多人家的屋頂，大家都趕緊找人整修屋頂，因此，屋頂的材料賣到缺貨，而且聽說還有工人施工時不慎摔死。

　　過兩天，一位台灣同修傳來夢的訊息，希望我解夢。「昨晚夢到有人拿文件給我看，解釋接下來有36道怪風，或是怪雷，要我好好準備！」

　　她問：「是誰給我文件？要我怎麼準備？」
　　我說：「是我們天意計畫中的弟兄們！因為我們是工作人員，所以來提醒一下，他們不想嚇到自己人，先讓你心裡有準備，而且，我們還得配合天意演出。」

　　此外，多倫多有一個區域接連幾年都遇到大停電。第一年是在冬天零下十四度的氣溫下，停電沒暖氣，要在嚴寒中渡過那些日子，那真是令人心疼的情況！

　　那年停電前，我夢見在一片美麗的森林中，不知道是誰在亂槍打鳥，許多大鳥被槍聲嚇得從鳥巢掉到地面，一動都不敢動，似乎驚呆了。

我詢問靈界，得知這些天災都是在提醒人們：

「**要專注於靈性成長，不要只注重物質層面的發展。**」

人們接連著被警告，但是都不知道需要改變，他們以為只是運氣不好。如果我們去提醒，他們都說這是天災，還說我們怪力亂神。其實，人們面臨的許多阻礙或災難，通常只是因為不知道要順應天意。

靈界的警告，最初是細微的，如果當事人不以為意，再次發出的警告就更強烈，到最後就是鑼鼓喧天。所以，即使是收到交通罰單，都要認真想想，之前是否做錯什麼，例如：對別人或家人亂發脾氣，或是做事操之過急等等。

# 夢中的曼妙舞者

幾年前的一個晚上，我非常渴望開悟，於是跟上帝禱告，請祂無論如何幫助我！當晚我得到一個永遠忘不了的夢！

夢中，我看到自己仍然跪著在祈禱！接著，從我的頭頂中心飄出另外一個我。那個我，青春美麗，活潑可愛，身段柔美，輕柔的來到地面，充滿生命力的開始跳舞。我欣賞著她快樂的，全然的舞動輕巧曼妙的身軀，忽然明白～上帝讓我看到內在真我了！

真我永遠青春美麗！
真我永遠充滿活力！
真我永遠快樂無邊！
我應該運用真我的力量～自由自在的遊戲人間！
享受無限美好的生命！

從此，我開始了嶄新的生活方式，不再深居避世，改以積極的心態面對地球生活。我努力改善家庭的經濟，增加與人們的交流和互動，充實自己，學習英文，重拾所愛的畫筆，跟隨自己的心動，做一切自己喜歡的事物！

# 第七部

# 宇宙星球

# 萬花筒人生

　　這些年來，我在幫別人催眠、做深層溝通、查潛意識和查過去世的體驗中，發現人的靈魂在時空中一直變換角色～有時在古埃及當女祭司，穿著純白的長袍和金絲鞋；有時又到日本投生為一位孔武有力的相撲手，只穿個丁字褲；有時投生到歐洲當一位船長，體驗航行的樂趣；有時投生在其他星球，做一名創造和孕育新生命物種的科學家。

　　**生命有無限的可能性**，永生的靈魂就好像一個演員，隨時變換角色，演著精彩刺激的戲劇，體驗像萬花筒般變幻無窮的生活。

# 宇宙的公民

　　一位合格的宇宙公民享有的福利主要是，可以在各星球之間學習成長，可選擇自己喜歡的星球，因為宇宙有非常多不同類型的星球，幾乎有無限的時間，可以讓宇宙公民在喜悅中成長。而且，可以很開心的穿梭於各種不同的時空世界，像是遊戲的人生，因為沒有戰爭也沒有煩惱。但是，也可以選擇回到地球，幫助還沒出離地球的親人和朋友。如果尚未合格，就仍須留在地球，直到每個課程都通過，才能成為宇宙公民。

　　大致來說，宇宙公民應該具備的品質有：慈悲、高雅、有愛心、喜歡創造、品味高尚、愛好和平、樂觀正面、真誠、忠誠、勇敢、守信用、負責任、公平正義、利益他人、保護動物、愛護環境、充滿感恩的心等等。

　　宇宙無限大，有各式各樣的星球和境界，有許多不同品質的眾生。以下僅列舉幾個：

　　高等靈性世界的眾生喜歡藝術，具有美感和創造力，他們在創作時會感受到在高境界時的喜悅。雖然，物質世界的眾生也畫畫，也學音樂。但如果學習或從事藝術的目的只是為了賺錢，想要出名，出人頭地，或是想要給別人

留下特別的印象，在練習的過程中，就無法感受到真正的喜悅，甚至可能感到痛苦。

有些星球特別注重音樂，居民大多是音樂家，可稱之為音樂家的故鄉，地球上有許多音樂家是來自那裡的眾生。

有些星球愛好和平，這些星球注重心態的平衡。比如，性情急躁、習慣抱怨、不懂得體諒別人，有暴戾之氣的人，皆無法進入和平的星球。

有些星球注重環保，環境非常清新美麗，他們不歡迎會汙染星球的眾生去他們的星球。比如，有些地球人會把油漆倒在下水溝，汙染了水質，這樣的人是不會被環保星球接受的。

宇宙公民在婚姻關係中是忠誠的一對一伴侶關係，他們沒有見異思遷，始亂終棄的情況。婚姻關係混亂的人，盲目尋求感官刺激的人，還不能離開地球教室，必須一直學習和歷練，直到懂得對伴侶忠誠，守信用負責任，才可能提升為宇宙公民。

宇宙公民不酗酒、不吸毒、不抽菸。因為吸毒、吸菸、酗酒都會毒害自己的頭腦和思維，這些頭腦混亂的人無法去更高等的星球。

思維負面的人，本身會冒黑煙，無法成為宇宙公民。

想要成為宇宙公民，首先要調整好自己的心態、振動力，讓自己的品質符合更高等星球的品質，才能進入那些星球。才能確保自己有機會升格成為宇宙公民。
比如：
＊化負面為正面。
＊化抱怨為感恩的心態。
＊放下功利心和爭鬥心。
＊活在當下，開心愉悅。
＊放下對物質的執著。
　將注重物質享受的習性，轉變為注重精神感受。
　放下對於一切人事物，都以金錢或物質來衡量的習性。
＊多學習藝術、文學、科學、以及各種新知新事物。
＊創新、改變，提升品味，增進生活品質。
＊發展無條件的愛。
＊學習接收宇宙訊息。
＊提升自己的靈性智慧。

# 宇宙執法者

在地球這個行星上，有兩億以上的宇宙執法者。他們正在執行天意，幫助人類意識的提升。其中有些人已經知道自己的任務，有些是被告知，然後恍然大悟的，有些還不清楚，但是，也可以憑著直覺和善良正直的心性與天意感應，而執行幫助人類提升的工作。

宇宙執法者，有許多種職別，各自依照不同的能力，執行天意計畫。以下列舉幾種為例：

## ☆宇宙法官，檢察官，司法官。

是宇宙高層的執法者，他們具有「慈悲」與「公平正義」的特質，有冷靜，清晰的邏輯，沒有人類起伏不定的情緒。他們來自高等智慧的星球，他們敏銳的眼睛，就好像照相機，隨時把所見到的人類各種行為，拍照傳回靈界。靈界將之用於審查和評估人們的身心靈進展情況，並用以安排人們的學習課程，在地球學習的時間，及未來適合的教室。

能收到並且解讀宇宙訊息，才能當選宇宙法官，更有效率的幫助人類。有時宇宙法官也擔任解釋和翻譯的工作，將宇宙高層的訊息，更清晰的轉譯給其他還不熟悉接

收訊息的執法人員，以共同完成天意計畫。

## ☆宇宙行政人員

特質是頭腦清晰，執行力強，他們也具有慈悲與公平正義的特質，大多是從靈界高層過來，不是一般的人類。他們的工作非常廣泛，是總括性的行政管理工作。

其實，在人間政府當選的執政者，都是由靈界安排的，選舉時能得多少票，也是靈界決定的。靈界會根據政府轄區公民的平均靈魂年齡所需要的課程，為廣大群眾的靈性成長而安排。比如，挪威以及一些北歐國家，由於人民的平均靈魂年齡比較高，人民比較自覺，所以當地政府的法令相對上比較寬鬆。

任何一個執政者都會有支持者和反對者，所以本身要有足夠的自信心，頭腦要清楚，不要被反對的聲浪干擾。要專注於自己該做的事。有時情況需要通融一下時，可以合理的修正，讓政策更加圓融的實行。

## ☆宇宙醫生

他們也是來自高等智慧的星球。他們洞悉人類疾病產生的原因，他們知道「人所承受的疾病與身體的缺陷，只是他自己經由思維的力量所造成的。～摘自：《臨界點》第四章疾病與老化。」他們的任務是幫助人類修正錯誤的思維，使他們心理健康，那麼身體就不會生病。所以他們

的治療，是從疾病的根源著手。他們醫治人們分裂的負面思維，讓人們從痛苦的分離幻相中覺醒，並幫助他們靈性成長。

## ☆宇宙護理人員

他們負責以愛心和耐心「陪伴」病人成長，他們天生具有同理心，慈悲善良。但是他們尚未了悟人類生病的原因，是來自於思想的不平衡，所以還沒有能力醫治病人。他們自己的心情也常隨著病人的身心情況變化而煩惱起伏，因此，還沒有足夠的能力，真正解決他人的痛苦。

## ☆宇宙警察

他們是人天的護法，富有正義感，能量充沛，熱情揚溢，喜歡伸張正義，維護秩序，他們對善良的地球居民特別擁護，對行為偏差的地球居民特別厭惡，總想去警告或教訓那類人。他們的情緒隨著別人的善惡表現而起伏，極端情緒化是他們的特性。在宇宙兩億的執法者裡，宇宙警察占的比例最大，他們可以繼續提升自己的靈性，直到成為高等執法者，他們必須放下對人類善惡好壞的批評，真正學習把注意力放在自己身上，修正自己正負兩極對立的分裂思想，給予地球居民成長的時間及空間。

除了執法者之外，宇宙公民所擔任的其他職務相當多，在此僅僅例舉一些常見的單位，有些人也可能身兼數職。

## ☆建築設計

改變居住的品質，美化環境，讓進化中的人類有更好的居住環境。

## ☆環境保護

維護生態，保護地球教室讓人類擁有良好的學習環境。

## ☆藝術及音樂創作

提升人類欣賞藝術及創造的能力。

## ☆資訊傳播

推展天意計畫，廣為傳播。

## ☆教育

提升人類意識及靈性智慧。

## ☆人類歷史保護者

史學者，圖書管理者，幫助人類學習古人的經驗智慧。

## ☆天文學與地理學

擴展人類的宇宙意識。

## ❋ 我的新職務

許多人好奇我在靈界的職務是什麼？有時包括我自己都好奇！因為一直都在變動中……。

最近上帝又跟我開了個玩笑，說起來各位看官一定很難相信。有一天網友問我：「妳在靈界的職務是什麼？」我還在認真的思考著，尚未回答，那時我本來在電腦前工作，然後去廚房拿杯飲料回來，我的電腦螢幕竟然自動出現「媒婆」兩個超級大的字！我看了哈哈大笑，原來靈界回答我，我在靈界及地球的新職位是媒婆。各位！可別小看媒婆囉！

以前我最喜歡幫朋友做媒，因為看不得別人孤獨，所以至少做了幾十次媒人，成功兩次。不過這兩對都不是太幸福。一對是生了兩個孩子，但是都是太太辛苦養家。另一對是生不出孩子，這個先生很抱怨，一直希望有孩子。有一天我靈機一動，想了個點子，所以和我先生商量。我志願幫他們當代母，生一個孩子。

沒想到，我先生出奇的憤慨。他說他本來也希望再有一個小孩，但是因為我兩次生產都血崩很危險，我的產科醫生警告他，絕對不能讓我再冒險產子。他哇哇叫罵了許

多天！直到我打消念頭。我可不希望別人的孩子在我肚子裡每天挨罵，那會影響胎教。唉！做媒人還要包生兒子，真是麻煩！

學會與上帝連線之後。有一天，我心血來潮又想撮合一對朋友，他們老是在抱怨沒有機會碰到好對象，我很希望他們可以擁有幸福的婚姻生活。

我請教上帝：「他們兩人適合結為夫妻嗎？」
祂回答：「哈！哈！哈！你的老毛病又犯了嗎？他們兩人是宿世冤家！」嚇得我立即打退堂鼓，再也不打此類的妄念了。

沒想到，我現在的新職位是宇宙「媒婆」，任務是把人們介紹給最親愛的上帝。這真是非常光榮的使命啊！

上帝是最好的情人！祂幽默，健康，富有，充滿愛和創造力，祂無所不知，無所不在，無所不能，還永遠不會死！我們任何一個微細的念頭，祂都知道和理解，祂是我們真正貼心的知己。能夠發現祂的存在，與祂分秒都在一起的人，會是世界上最幸福的人。

我這個超級的媒人婆，能說的都說了，剩下的就是你們自己去找上帝約會（祈禱）啦！不論男女老少，婚寡不居，美醜都沒關係！只要你敢求婚，祂一定會答應，因為

祂是來自無限的無所不能的大眾情人，有什麼事都跟上帝去商量吧！

　　最後提醒一下，度蜜月時，別忘了我這個媒人婆！

# ❄ 地球的遊戲

地球之旅像是進入一場大型的遊戲（*Game*）。

地球上有許多不同層次的遊戲，必須用「**愛心鑰匙**」才能通過層層關卡，贏得最後的勝利～出離地球。

成為**宇宙公民**後，可以選擇到其它更進化的星球去，那裡有更新穎舒適的時空，更先進的科技世界，還有更大型更精彩的宇宙遊戲。這些都是上帝的創造，為了我們的靈性及意識的提升而安排的。

**愛心的鑰匙**有各種不同的等級，有對自己的愛，對家庭的愛，對親朋好友的愛，對社區的愛，對國家的愛，對整個地球的愛，對宇宙的愛，對上帝的愛。你知道自己的愛心鑰匙屬於哪一級嗎？

當你的愛心越大時，被賦予的**能力**越多，任務也會升級和增加。比如有些人擁有了超能力～他心通，天眼通，天耳通，宿命通，辯才無礙，智慧亨通等等。他們可以利用這些超能力，更有效的去執行任務。例如，他們能查到地球的歷史記錄，有關人類的過去、現在、未來，而用以幫助調整人類個體及整體的成長方式。

我們每天所遇到的人事物，其實都是自己心靈的投射，也反應出我們的心路歷程。我們與其他的親人朋友或陌生人，每一個生命中的過客都是與我們一起共同成長的夥伴。從學會保護自己，保護別人，保護人類的提升過程當中，我們的愛心鑰匙逐漸轉換成更高等，更完美的。直到我們修好在地球上的所有課程，光榮的從地球畢業，成為**宇宙公民**，那時我們將發現我們擁有整個**宇宙的遊戲權**！

　　當我們進化到擁有無限的創造力時，可以控制能量，甚至可以自己創造新的星球。我們學會寫宇宙程式，設計出好玩的遊戲，和大家分享，並且歡迎其他宇宙公民來玩我們設計的新遊戲！

## ✸ 三波志願者

～《三波志願者與新地球》摘要筆記～
*The Three Waves of Volunteers and the New Earth.*
作者：*Dolores, Cannon* 出版日：*2011.06.13*

　　作者在催眠時發現人們在地球以外的生活記憶，雖然，地球是一所供我們學習課程的學校，但她不是唯一的一所。在數百個催眠個案中，作者發現許多人都對自己這一世的生命有同樣的說法，因此，作者依據他們的年齡，將他們大致分類為三波。

### 第一波段志願者：【生於1945（原爆後）～1970年】

　　他們是非常勇敢的靈魂，來到地球體驗這些困難。他們擔任啟動者、拓荒者、先驅者、示範者、指路者，負責打破地球的常規，為後人開創出較為平坦的道路。早期的覺醒志願者，往往就是通靈者、傳訊者。

### 第二波段志願者：【生於1970～2000年】

　　他們非常的溫和，具有正面能量，專注在幫助他人，不造業。他們被描述為天線、信標、燈塔、發電機、觸發者、能量管道～這也是他們幫助地球的方式。他們帶著能夠影響他人的「獨特能量」來到地球。許多第一和第二波

的靈魂不想有小孩，他們只想趕緊完成工作，好回到所來自的地方，除非幸運的找到同一類人，否則，他們大多數「保持單身」。

## 第三波段志願者：【生於2000年以後】

這群孩子被稱為「新小孩、世界的希望」。為了適應新的振動和頻率，地球上每個人的*DNA*現在正在改變，但這些新小孩的基因已經是不同的，被調整了。他們做好前行的準備。他們很關切地球上的食物、空氣、環境的汙染，並且幫助解決各種重大疾病，他們將發展全新的科學、幫助人們改造基因，讓人們不會生病，活得更久，並且成為全新品種的人類。

分成三個波段來到地球的靈魂有雙重目的：
一、改變地球的能量，以避免發生大災難。
二、提升人類的能量，
　　幫助人類與地球一起提升至新的次元。

一切都是由「能量」組成，形體和形式端視「頻率與振動」而定，能量不滅，它只會改變。地球正在改變振動頻率，並準備要升入新的次元。

我們的周遭一直都有無數的次元。我們看不到是因為當它們的振動頻率比我們高，超越了人類的視力範圍時，對我們而言，它們就如同隱形。人類現在正要轉移到新的

次元，而這個過程很快就要到達巔峰，所以能多了解「次元的轉換」非常重要。

········❋······ ❋······❋······

　　以上是《三波志願者與新地球》的摘要筆記。該書作者朵洛莉絲出生於1931年的美國，我們將這篇摘要編入此書，是為了**印證**，雖然我們身處不同的時空，而且彼此不認識，但是，我們所接收到的訊息，卻有許多相同之處。

　　2013年9月15日，我曾在靈性成長部落格上發表一篇「**他們來自銀河系**」在此供大家對照和參考。

　　許多來自銀河系的高等進化生命，來到地球幫助人類的轉化提升。比如修正人類基因（DNA），製作電腦高科技產物，改善環境美化地球，以及許多新的思維概念等等，都是他們帶給地球的贈禮。

　　地球漸漸進入新紀元，整個星球正在快速進化提升，宇宙間許多與地球有緣的高等進化生命，自願承擔不同的任務和使命，來到地球共襄盛舉。

　　一切的轉換快到不可想像，願意接受轉型，繼續進化的眾生，可留在地球繼續學習。不想進步、醉生夢死的眾生，會被帶到適合他們等級的星球，以自己的速度進化。

留在地球上的眾生都會逐漸提升到思維清晰，充滿愛力，身心平衡，快樂自在的狀態，繼續靈性成長之旅。

# ❉ 提醒外星人

~2008.08.18指導靈訊息~

　　有些外星人第一次來到地球投胎，對他們而言，這是全新的嘗試。原本在高科技星球的人，吃穿都不用愁，來到地球常會感覺很失落。外星人太聰明了，所以會想得很遠，反而把自己嚇得魂不守舍。他們常常覺得自己有一身好武藝，卻英雄無用武之地，所以外星人來地球投生並不保證成功，甚至可能比地球人還混得不好。他們想要很多財富，卻不知如何去賺取，因此感到挫敗。他們雖然擅長分析，卻分析不出挫敗的原因。外星人非常容易憤世嫉俗，常常覺得別人比他笨，嘲笑地球人沒氣質，覺得地球人是暴發戶……。

　　還有一類外星人的特性是非常懶惰，怨天尤人，不想去工作。遇到障礙時，總覺得都是別人的錯。孤僻高傲，眼高手低，喜歡躲在自己的城堡裡，覺得別人很低俗。很會唱高調，和地球人格格不入。基本上沒什麼朋友，卻又瞧不起別人。雖然冷靜、機智，但冷漠、固步自封。常常覺得如果自己去做會比別人更好，但是也沒見到他們真正動手去實行。他們喜歡**守株待兔**，等待事物從天而降。

另一類外星人很有成就，比前一類開心很多，但是，他們也不太想和地球人往來。只有幾個外星人互相聯絡，久久才一次，彼此惺惺相惜。他們潔身自愛，決不打擾別人的生活，行為舉止非常紳士淑女。不過，也傾向於**說得多，做得少**。計畫一堆，但終其一生，並沒有去實現。因為，他們接收到訊息，卻沒有去做。

　　由於之前的外星人失敗率太高，現在派來大批的外星人，就好比愛斯基摩人的雪橇，需要用很多隻狗來拉。現在要運用群體的力量，外星人必須聚在一起，才有影響力，落單時，沒有力量。這就是為什麼將這些「落寞的外星人」帶到你這兒，因為，你可以提醒這些人。

　　有些外星人雖然已經七老八十了，但是仍然可以盡一些心力，有所貢獻。而且，下一世他們會更開悟。因為，他們曾經在地球上醒來過，這些記憶會帶到下一世。

　　*2007年起，開始推廣*「生命藍圖」，這是一項拯救外星人的行動。因為，許多外星人陷在無助的幻覺裡～以為自己是地球人。醒來時，他們是一個全新的外星人，他們會很開心，就像經歷一次重生，並且開始執行自己的任務。否則，不知生命的意義，和一般人一樣，落入生老病死的幻覺裡。

透過「生命藍圖」的解說，一群一群的外星人正在覺醒，透過解說，他們不再徬徨迷失和掙扎，開始充滿了力量，活出一個新的自我，並且拿出自己的武器（專長），開始執行「捍衛地球」的任務。

　　地球正在覺醒，全面提升！

# 遨遊宇宙星際

　　這大概是我此生中最難忘懷的一日，那天清晨我剛剛起床，坐在電腦桌前工作。忽然門鈴響了，我從二樓看下去，玻璃門前，亮麗的陽光中站著一個纖瘦女孩的身影。打開門，見到的是一位清秀的女孩，容貌長得很像我學生時代的好朋友欣欣。

　　「嗨！你是欣欣嗎？」我好奇的問。她笑笑沒回答，指著身後的一個約汽車大小，類似飛碟的小型圓形飛行器，說：「要不要出去玩？」我好奇的問「去哪裡？」。「宇宙！」她說（*P.4*圖）。

　　由於她說話時的語調就像極了溫柔善解人意的欣欣，我對她幾乎如同對老友般的信任，於是懷著一顆好奇的心，走上飛行器。控制台上其實沒有任何儀器，前方只是大大的玻璃窗。她說：「妳喜歡幫人，我幫妳找找看是否有人需要幫忙。」然後飛行器直線上升，到我家隔壁三樓外牆。她說：「妳看！」

　　我說：「我只看到牆壁。」

　　她笑了，說：「忘了幫妳改變振動力！」瞬間，我就可以透視牆壁，看到裡面有一位大學生，在他的大型工作台前坐著，而且愉快的吹著口哨。她說：「妳看！他很快

樂，不需要人家幫忙，我們去玩吧！」

　　我很納悶飛行器似乎沒有任何的動力被啟動，也沒有引擎的聲音，但是頃刻間，我們已經飛離地球，來到太陽系的一個星球附近，這個星球的外圍環繞著一大圈正在旋轉的、許多彩色的小礦石塊，她說這是土星。可是我認為土星應該是有一圈白色的光圈。她說那只是因為遠看、速度、還有照相的緣故，其實真實的情況就是這樣的。我說：「這樣很美！很特別啊！」

　　接著，我看到整個外太空宇宙緩緩的在旋轉中，無邊無際，細細密密的星球佈滿虛空，星球與星球之間還有能量在流轉，這些能量有他們自己的色彩和光暈，放眼望去整個宇宙滿滿的能量，好像河流在流動。那浩瀚壯麗華美的景觀，真讓我目不暇給！

　　我們參觀了一個美麗的星球，在綠草如茵的大地上，有許多人在演奏。他們都像是喜歡音樂的年輕人，有男有女，每個人都使用自己喜歡的樂器，有大提琴、小提琴、笛子、豎琴等等。當需要時，鋼琴居然是可以從天而降的，大家都陶醉在美妙的音樂中。

　　他們的食物，也很特別，野餐桌上的水果都是透明的，很像我們的果凍，有一種水果形似木瓜，像虎珀一樣透明，木瓜中的咖啡色種子，像是透明的珠子，充滿了視

覺之美。她說：「你會選擇住在這個星球嗎？」我回答：
「嗯！我雖然覺得這裡很美也很浪漫，但是如果永遠都在
演奏，也會覺得很無趣啊！」

　　她又帶我去另一個科技先進的星球，這裡是不需要勞
動工作的星球。食物以及生活必需品都是透過電腦控制，
由機械自動播種和生產，所有的必需品都可以免費取得。
風景優美，環境整潔，人們自由自在，想旅遊就乘著小飛
碟去旅遊，想泛舟潛水都是隨時可以去的，像是一個專門
度假的星球。但我還是覺得遲早會無聊的，所以它仍不是
我想要的天堂。

　　當飛行器回到家門口，我依依不捨的，向外星朋友揮
手道別！走在屋前的院子，無意中瞥見，有許多豆大的雨
珠子，正緩慢的滑落。那些雨珠子滑落的速度，讓我可以
很仔細的看，它們就像晶瑩剔透的珍珠。我仰望著天空，
欣賞那漫天透明的珍珠緩緩滑落之美（P.5圖）。那一刻，
我捨不得走回家中，一直佇立在前院，欣賞這雨中奇景～
絕美的慢鏡頭。我知道一旦跨進家門，我的振動力會立刻
變回來，就好像公主又變回灰姑娘了！

　　這雨珠滑落的速度，就好像在電影「駭客帝國」裡，
子彈緩緩前進的那個情節，難怪他們可以徒手把行進中的
子彈拿住。我終於知道原來在不同的振動頻率裡，可以看
到物質以不同的速度運行。

直到現在，每當下雨時，我就好想再看一次，那個緩慢速度滑落的漫天雨珠奇景。

# 全然的信任

　　我常常告訴上帝：「我用人類頭腦的思考模式頗有問題，但是我就是沒法子改！只有請你幫忙修正啦！至於用什麼方法都沒關係，只是請溫柔一點！」

　　上帝也真的很努力在幫忙修正！我知道祂無時無刻都在照顧，像一個神祕的戀人二十四小時愛護著我！

　　現在我不願用任何一分鐘的注意力，去猜測人類的心思，因為那複雜而且變動不定。我只全然的信任上帝，因為祂從不辜負我，祂從未忘記我，祂是那最貼心的情人！

# ❄ 上帝的回應

　　有一夜，我獨自坐在車上等人。等待的時光中，我對上帝說：「親愛的上帝！我希望祢現在給我一點羅曼蒂克的感覺，因為我想更進一步的體會祢的存在！」起初沒有回應，我仍靜靜等待，我深信祂會回應我的願望。

　　這時，微風輕拂我的臉龐，一彎金色的明月鑲嵌在湛藍的夜空中，街道看來寧靜美好，來往的車燈與靜立一旁的街燈，相互輝映著，我感覺自己彷彿置身天堂。當我深深的沉浸於夜色中時，忽然聽到對街傳來優美的音樂，就在對街轉角，出現了兩位小提琴手演奏著我覺得最浪漫的一首歌～電影羅密歐與茱麗葉的主題曲 *A time for us*！以往我並不知道為什麼每次聽到這首歌，都會引起我的內心蕩漾！現在我明白了，原來是它讓我憶起那永恆的戀人！我生生世世找尋的真愛，原來一直默默陪伴著我！

　　我輕輕的對上帝說：「有祢在，我是多麼幸福啊！再也沒有寂寞與徬徨！我深深的愛你～親愛的上帝！謝謝祢！」

# 帶我回家

來自遙遠星際的祢
用祢的能量輕擁著我～帶我回家
祢和我來自無邊無際的永恆
看到祢光輝的臉龐
我知道祢來帶我回家
回到那永恆的故鄉
回到祢我初見的那一刻

祢有一雙嬰兒澄澈的眼睛
我知道那是祢
～祢來了～來帶我回家
祢風塵僕僕、披星戴月的
穿越過時光的隧道，跨越靈界與物質界
只為了帶我回家

無論祢化成什麼
是音、是聲、是夢、是幻
是哪吒的風火輪，或是活生生的肉身導師
祢演出的每一個角色
不需揭開祢的面紗
我都知道那是祢來帶我回家

每一個心靈的悸動
我都知道～祢是那永恆的上主
用無盡的愛，再一次的試圖帶我回家

天啟／Samantha著. --初版.--臺中市：白象文
化，2019.11
　　面；　公分.——（天意系列；02）
ISBN 978-986-358-898-6（精裝）
1.靈修
192.1　　　　　　　　　　　　108016099

天意系列（02）

# 天啟

| | |
|---|---|
| 作　　者 | Samantha |
| 主　　編 | Omni |
| 專案主編 | 林孟侃 |
| 出版編印 | 吳適意、林榮威、林孟侃、陳逸儒、黃麗穎 |
| 設計創意 | 張禮南、何佳諠 |
| 經銷推廣 | 李莉吟、莊博亞、劉育姍、李如玉 |
| 經紀企劃 | 張輝潭、洪怡欣、徐錦淳、黃姿虹 |
| 營運管理 | 林金郎、曾千熏 |
| 發 行 人 | 張輝潭 |
| 出版發行 | 白象文化事業有限公司 |
| | 412台中市大里區科技路1號8樓之2（台中軟體園區） |
| | 出版專線：（04）2496-5995　傳真：（04）2496-9901 |
| | 401台中市東區和平街228巷44號（經銷部） |
| | 購書專線：（04）2220-8589　傳真：（04）2220-8505 |
| 印　　刷 | 基盛印刷工場 |
| 初版一刷 | 2019年11月 |
| 定　　價 | 300元 |

缺頁或破損請寄回更換
版權歸作者所有，內容權責由作者自負

白象文化
www·ElephantWhite·com·tw

印書小舖
PRESSSTORE 出版銷售

出版 · 經銷 · 宣傳 · 設計

自費出版的領導者　購書 白象文化生活館